はじめに
～アラフィフ中性人生
歩き方って?～

その上自分の場合
「トシとった
自分の姿」を
ボヤア…
未完成
想像しそこね
ちゃってるので…
"シニアになって
いく自分"って
30歳くらいで
なんとなく
イメージしはじめて
50
age
30〜40代にかけて
なるべく理想に
近づけようと
それぞれがんばって
調整していくものだけど
健診
30歳で外見の
性別が変わっ
ちゃったから…
ついでに離婚も
しちゃったし
←通常ルート
?!
あれ
すべてが
まっさらに
なっちゃった
からなあ
CHANGE!
でも一応
男として…
あ！間違えた
中・性・として
50代を迎える
準備はしてます
いい直さなくても
大丈夫ですよ
知ってるから

〝中性として〟とか〝セクマイとして〟加齢する…って
何か違いがあるんですか?
それがよくわからないから
こうして日々考察してるのだよ…!!
はは はい
50代以上で性別変化した人どころか…
ゲイ・レズビアン・バイを公言して活動してる人もすごく少ないこの国だから
結婚も病気も人生設計も
すべてが手さぐり
たまに不調がおとずれたり
これは女性の更年期《こうねんき》?
それとも男性の?
病気?
たまにギスギスしたりしても
ゲイのパートナーとの仲直りって
どうするのが正解!?
誰にも聞けず落ちこむこともありますが
なんとかひとつひとつ乗りこえてつき進んでいます

この本はそんな
※思秋期の
自分が…
年齢にともなう
いろんな変化や
パートナーと
ともに生きることの
アレコレを
つづった漫画です
※中年期のこと
(思春期と対峙する言葉)
いろいろゆらぐ
「思秋期」って
言葉はじめて
知りました！
←15歳差→
こう君には
まだ先のこと
だもんね…
ちなみに
岩崎宏美《いわさきひろみ》の
曲でもある
自分について
だけじゃなく…
オトナ世代の
セクマイ読者さん
たちからの
悩み相談や
ほかの漫画家の
先生方からの
質問漫画も
あります♡
みなさま
ご協力ありが
とうございます
桜木《さくらぎ》さゆみ先生
流水《ながみ》りんこ先生
内田春菊《うちだしゅんぎく》先生
竹内佐千子《たけうちさちこ》先生
そして沖田《おきた》×華《ばっか》&
桜壱《さくらいち》バーゲン（櫻井稔文《さくらいとしふみ》）
両先生との対談も
大ヒットまんが家夫婦
絶望の犯島
透明なゆりかご
老いと
パートナーに
ついて話し
ました
それでは
ご覧ください

新井祥

SHOU ARAI

30歳で「性別が、ない!」と判明した俺がアラフィフになってわかったこと。

ぶんか社

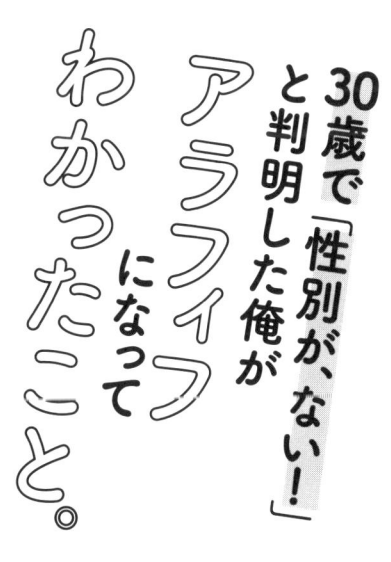

CONTENTS

30SAI DE「SEIBETSU GA NAI!」TO HANMEISITA OREGA ARAFIFU NI NATTE WAKATTA KOTO

年をとるということ編

1. 外見が変わると絵柄も変わる!?

なんですかいきなりリアル調で…
こわい!!
自画像の見直し…
そうかなあ!?
ああでもやせましたよね昔より
うん
読者の人に「自画像と違う」っていわれるようになってきたから
本体が。
だとしてもなんで裸なんですか…
海水浴の時の写真を使ったので
なんで僕まで

外見が変わると…①

エッセイ漫画家さんって多少外見が変わっても…
自画像は変えない印象があるんですが
フルフル
俺の場合は性別的な問題がある
男と女どっちに見えるか揺らぎやすいし…
その上最近は加齢的な変化もー！
忙しいですね

外見が変わると…②

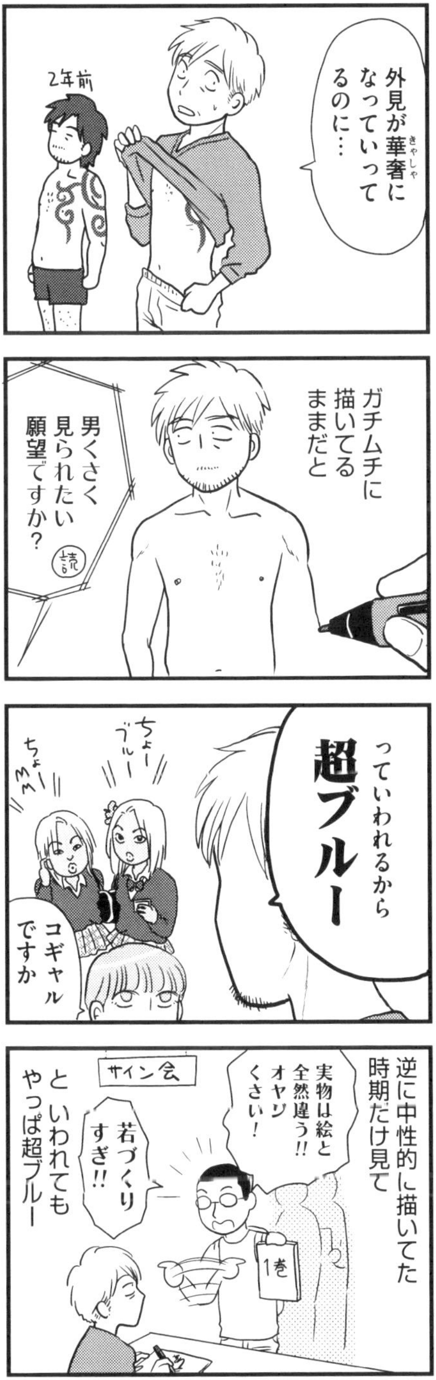

2年前
外見が華奢《きゃしゃ》になっていってるのに…
ガチムチに描いてるままだと
男くさく見られたい願望ですか？
読
っていわれるから超ブルー
ちょーブルー
コギャルですか
逆に中性的に描いてた時期だけ見て
実物は絵と全然違う!!オヤジくさい！
サイン会
若づくりすぎ!!
1巻
といわれてもやっぱ超ブルー

中性的に？①

要するに勝手に変化してしまう外見の印象を…
性別演出失敗してる
みたいにいわれるのがイヤなんですね
コクリ
昔はそういう時ヤケになって性別不詳に見えるようエクステつけたりしたけど…
ジジイがやっても痛いよね☆
…こっちのほうが演出失敗してるように見えますが…

中性的に？②

で
冒頭の海水浴の絵のように
ヒゲをそったと
なんかすっきりしてると思った
そう
ヒゲだけじゃないぞ
胸毛もそった!!
「男くさく見せてる」って思われる要素をなくす
でも胸毛以外の部分がなあ…
もじゃっ

無理がある①

絵柄も男の娘《こ》みたいに中性的に変えてみるとか
先生がやるとなんか
気持ち悪い!!
服を着こむとわりとフワッと見える体形なんだけどね
…裸になるとボロが出る
…せめてアバラは描かないでおくかな
ぼくもありますよ

無理がある②

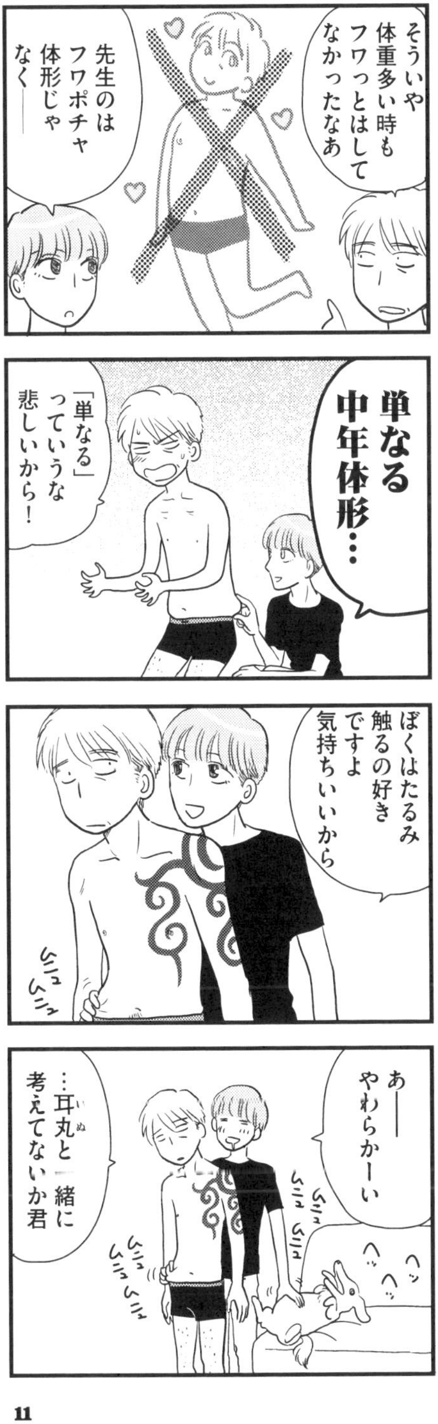
そういや体重多い時もフワッとはしてなかったなあ
先生のはフワポチャ体形じゃなく——
単なる中年体形…
「単なる」っていうな悲しいから!
ぼくはたるみ触るの好きですよ気持ちいいから
ムニュ
ムニュ
あ——やわらかーい
ムニュ
ムニュ
…耳丸《いぬ》と一緒に考えてないか君
ヘッヘッ

顔の印象①

少し華奢に描けたかな…
でも
髪の色もあわせましたね
まだ男くさいっていわれそうな気がする…
目つきのせいだな!
実物より
連載当初のかわいげを取り入れてみたんだけど…
ある意味斬新
シワは追加したけどねっ

顔の印象②

ぼくも顔を変えてもらいましたけど…
元
本体にあわせて根暗に大人らしくしてもらったの
同じことをいっても顔が違うと印象変わるものですよね
「今すぐやりたい!」っていいってみて
今すぐやりたい!
もう一度
今すぐヤリたい!
あ…たぶんカタカナ表記にしてるんだろうなー…これ

ヒゲかツルンか①

ヒゲは… 生やしてても いいんじゃ ないですか？
じょり…
読者の反応も「ヒゲがあったほうがいい」って意見のほうが多いですね
ん－
Twitterで読者の方々の意見をきいてみました。
じゃあ 多数決で…
ぼくはないのも爽やかでいいと思いますが
やっやめてそういう惑わし方!!
決められなくなるッ
自分の希望はないんですか…
?!

ヒゲかツルンか②

俺は今まで 一人称すら 他人の意見で 決めてきた…
「ぼく」より「俺」が似合うんじゃないか？
「私」系男子じゃないよね～
オレ
性別がない人の自己演出って難しい
♀→♂の人（男に見られたい）
♂→♀の人（女に見られたい）
じゃあ俺は？
??
だからほかの人の意見を重視するのだ
男と女どっちになりたいとかはないけど
演出失敗してるとは思われたくないから慎重に――
そして性別がらみでイライラMAXになると
全そりしてストレス解消
チクショー
ズバー
慎重のかけらもないじゃないですか

2.
身体計測は男女どっちで？

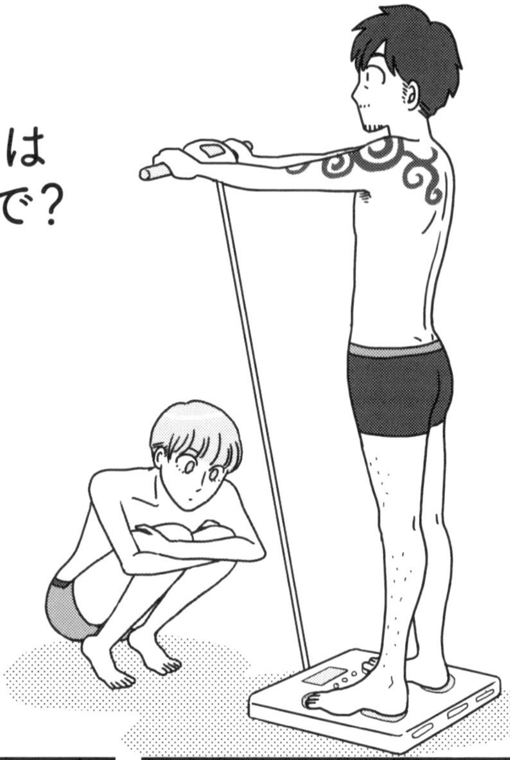

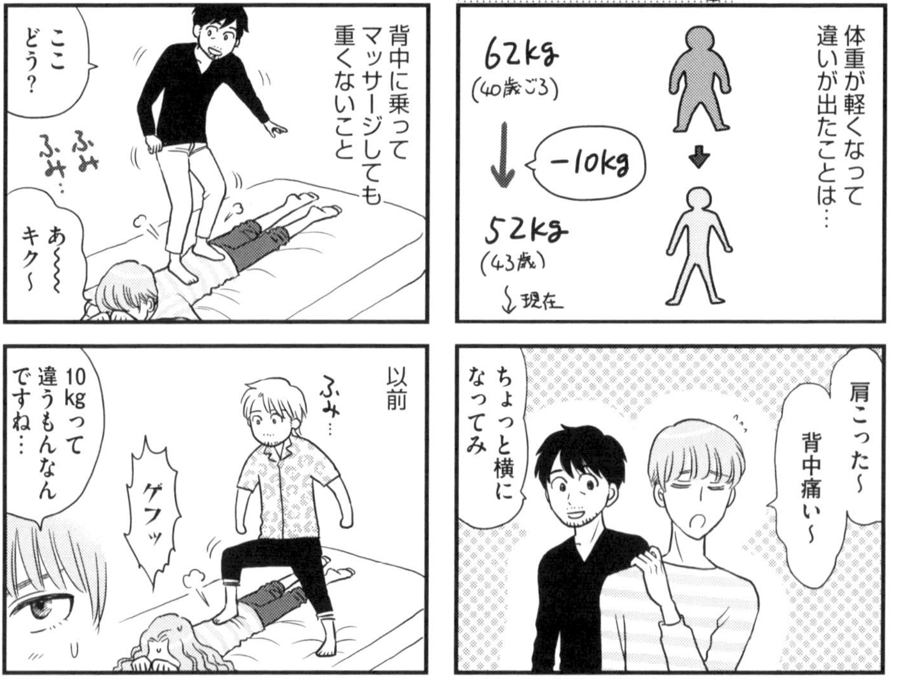
体重が軽くなって違いが出たことは…
62kg
(40歳ごろ)
−10kg
52kg
(43歳)
現在
肩こった～
背中痛い～
ちょっと横になってみ
背中に乗ってマッサージしても重くないこと
ここどう？
ふみふみ…
あ～～～キク～
以前
ふみ…
グフッ
10kgって違うもんなんですね…

男？ 女？ ①

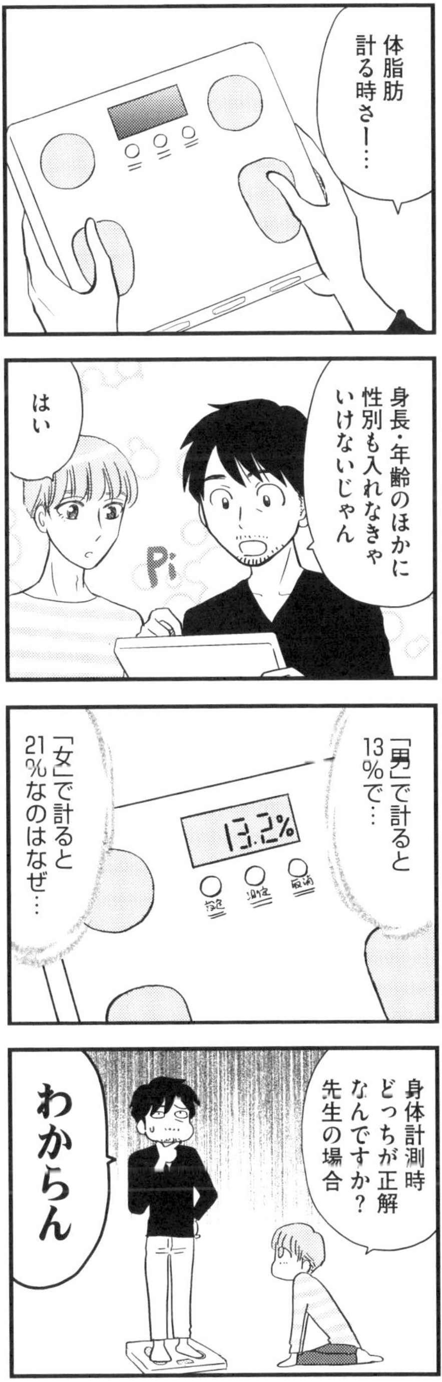
体脂肪
計る時さー…
身長・年齢のほかに
性別も入れなきゃ
いけないじゃん
はい
Pi
「男」で計ると
13％で…
「女」で計ると
21％なのはなぜ…
13.2%
身体計測時
どっちが正解
なんですか？
先生の場合
わからん

男？ 女？ ②

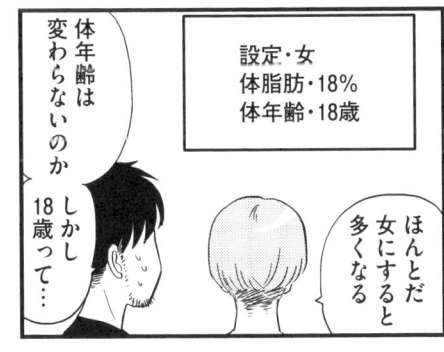

同じ身長・
年齢でも
性別設定を
変えただけで
数値が変わると…
うん
ぼくの場合は…
設定・男
体脂肪・10%
体年齢・18歳
設定・女
体脂肪・18%
体年齢・18歳
ほんとだ
女にすると
多くなる
体年齢は
変わらないのか
しかし
18歳って…

男女の違い①

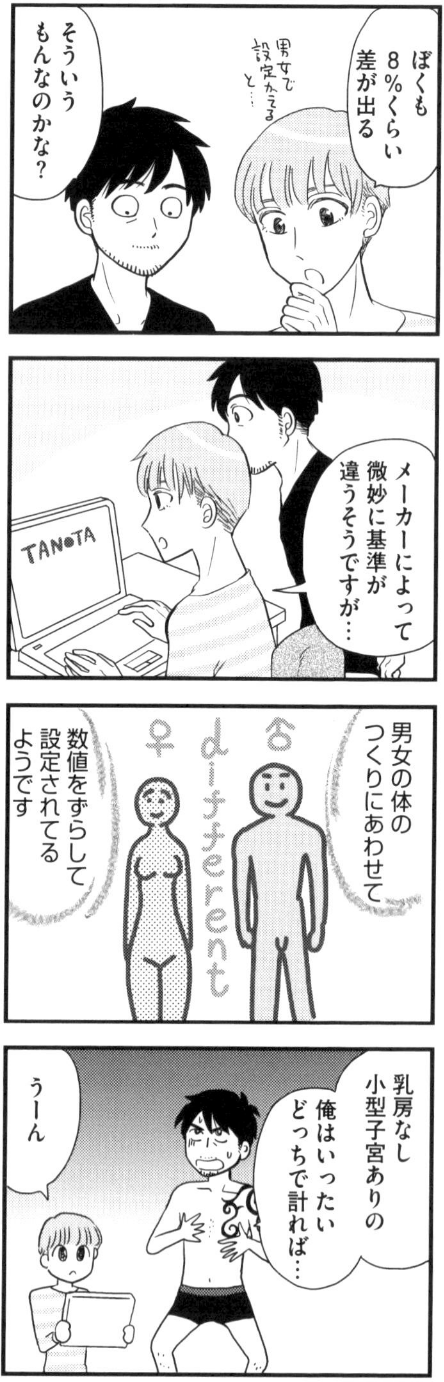

ぼくも8%くらい差が出る
男女で設定かえると…
そういうもんなのかな?
メーカーによって微妙に基準が違うそうですが…
男女の体のつくりにあわせて数値をずらして設定されてるようです
different
乳房なし小型子宮ありの俺はいったいどっちで計れば…
うーん

男女の違い②

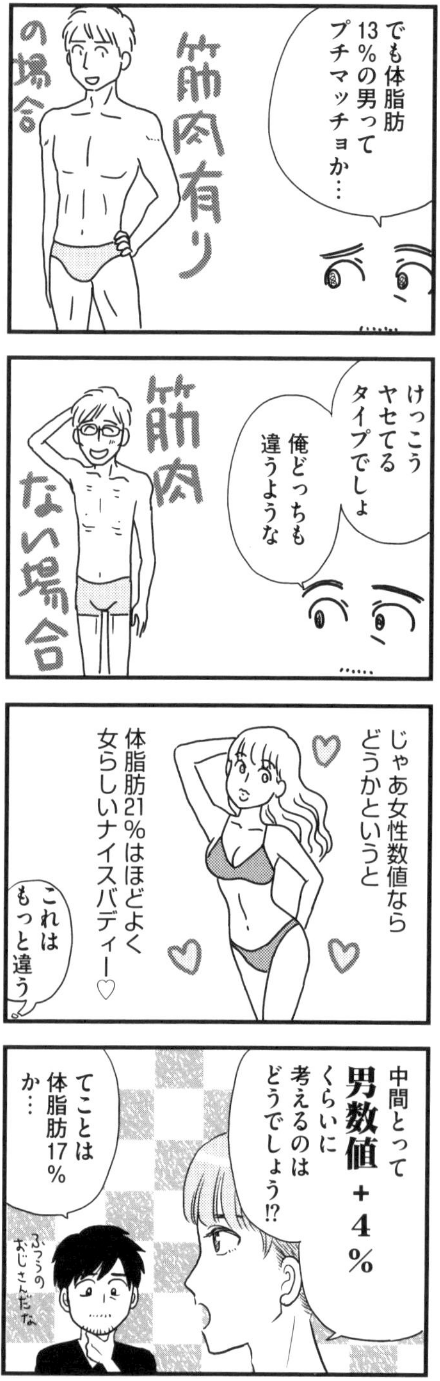

でも体脂肪13%の男ってプチマッチョか…
筋肉有りの場合
けっこうヤセてるタイプでしょ
俺どっちも違うような
筋肉ない場合
……
じゃあ女性数値ならどうかというと
体脂肪21%はほどよく女らしいナイスバディー♡
これはもっと違う
中間とって男数値+4%くらいに考えるのはどうでしょう!?
てことは体脂肪17%か…
ふつうのおじさんだな

筋肉について①

あ 筋肉量はどうなんだろ⁉
履歴
やっぱあらかじめ男女で違うのかな基本値が
男・少ない
女・少ない
男・普通
女・普通
…同じ？
基準値自体男女で違うんだな
男としては少なくても女としてならハズだから…普通くらいはある
女性で筋肉が少ない例
俺は女性としてなら普通より多いと思うぞ⁉
※10kg
※10kg
さすがにそこまでは

筋肉について②

………
どーしたんです先生
そういや去年までは…
男・多い
女・多い
だったのに〝普通〟になってる…！
体重とともに筋肉が落ちたんですね
やめろぉおおお‼
不穏なことをいうのは！
1回落ちるとつさにくいんだよ…‼
オヤジの筋肉は‼
わなわな
ぼくオヤジになったらどうなっちゃうんだろ…
すでに少ないのに

体格差①

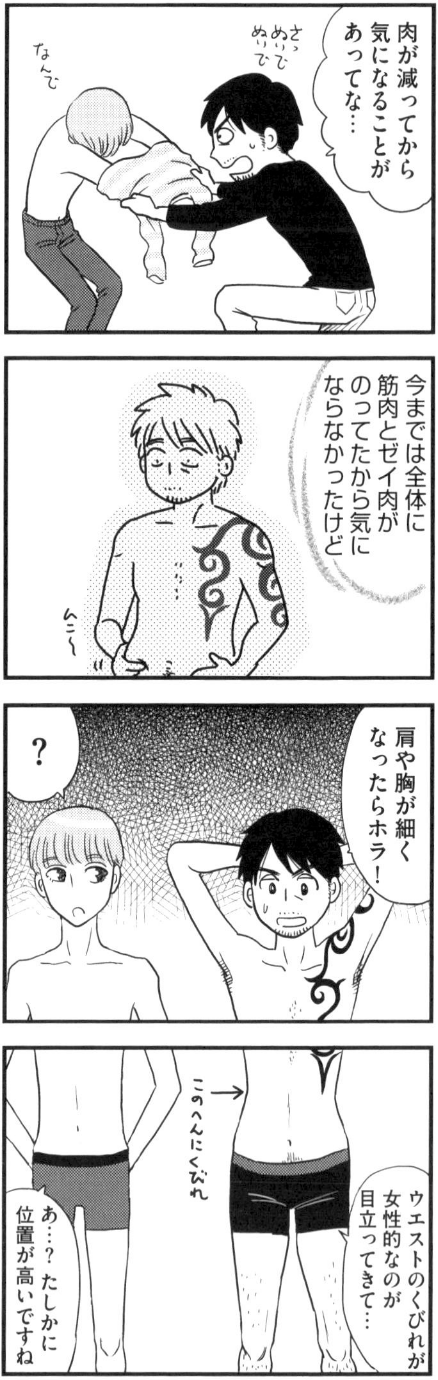

肉が減ってから気になることがあってな…
なんで
今までは全体に筋肉とゼイ肉がのってたから気にならなかったけど
ムニ〜
肩や胸が細くなったらホラ！
？
ウエストのくびれが女性的なのが目立ってきて…
このへんにくびれ
あ…？たしかに位置が高いですね

体格差②

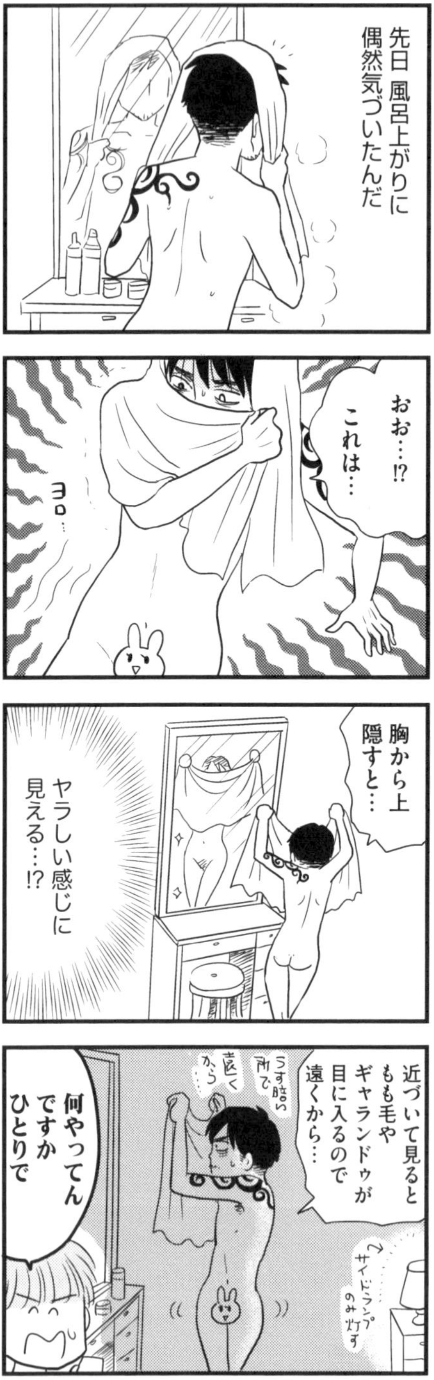

先日 風呂上がりに偶然気づいたんだ
おお…!?
これは…
ヨロ…
胸から上隠すと…
ヤラしい感じに見える…!?
近づいて見るともも毛やギャランドゥが目に入るので遠くから…
うす暗い所で
遠くから…
サイドランプのみ灯す
何やってんですかひとりで

アバラとくびれ①

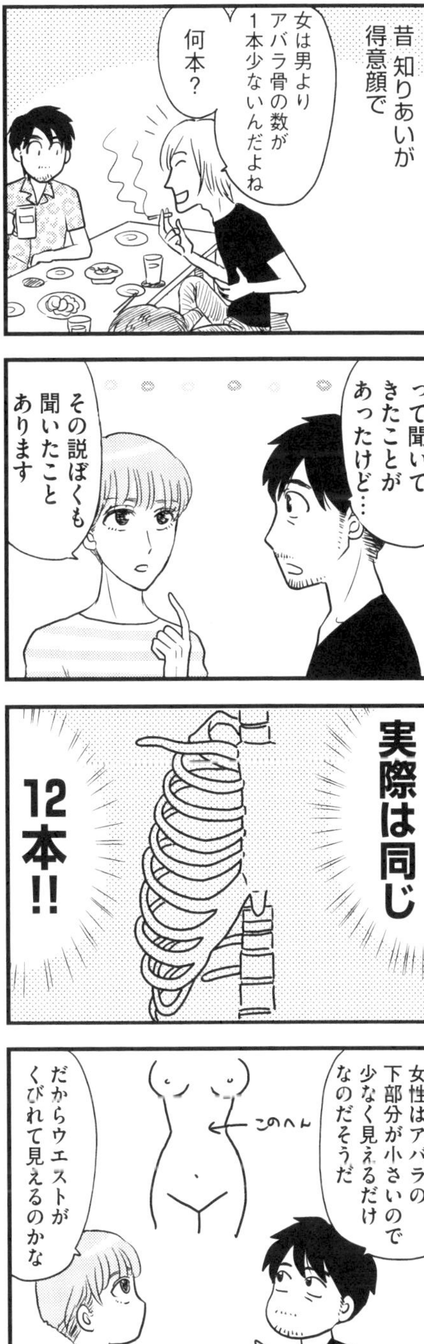
昔 知りあいが 得意顔で
女は男より アバラ骨の数が 1本少ないんだよね
何本？
って聞いて きたことが あったけど…
その説ぼくも 聞いたこと あります
実際は同じ
12本!!
女性はアバラの 下部分が小さいので 少なく見えるだけ なのだそうだ
このへん
だからウエストが くびれて見えるのかな

アバラとくびれ②

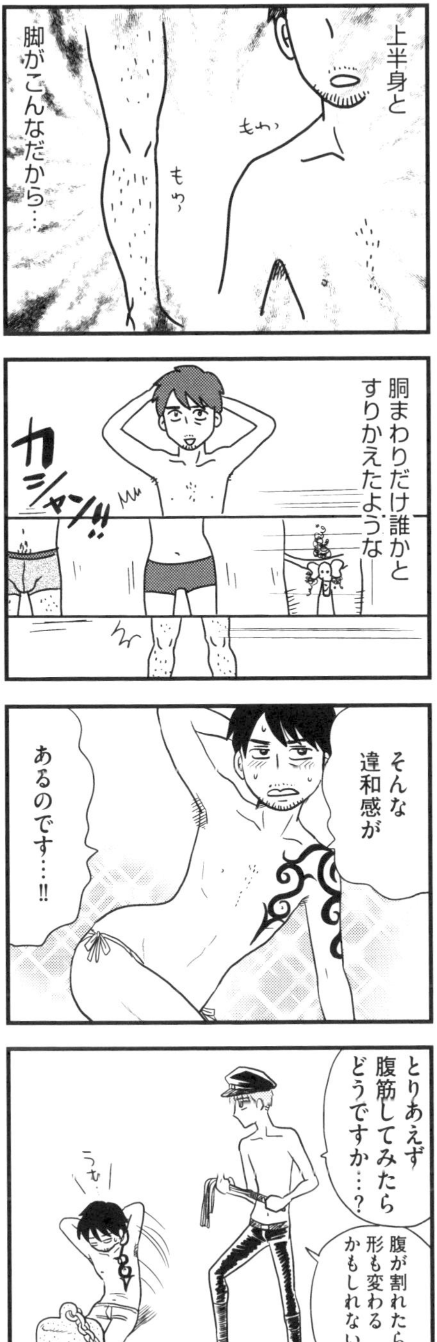
上半身と
もわっ
もわっ
脚がこんなだから…
胴まわりだけ誰かと すりかえたような
ガシャン!!
そんな 違和感が
あるのです…!!
とりあえず 腹筋してみたら どうですか…？
腹が割れたら 形も変わる かもしれないし

3.
顔のたるみの隠し方

モテる男のヘアカタログ100

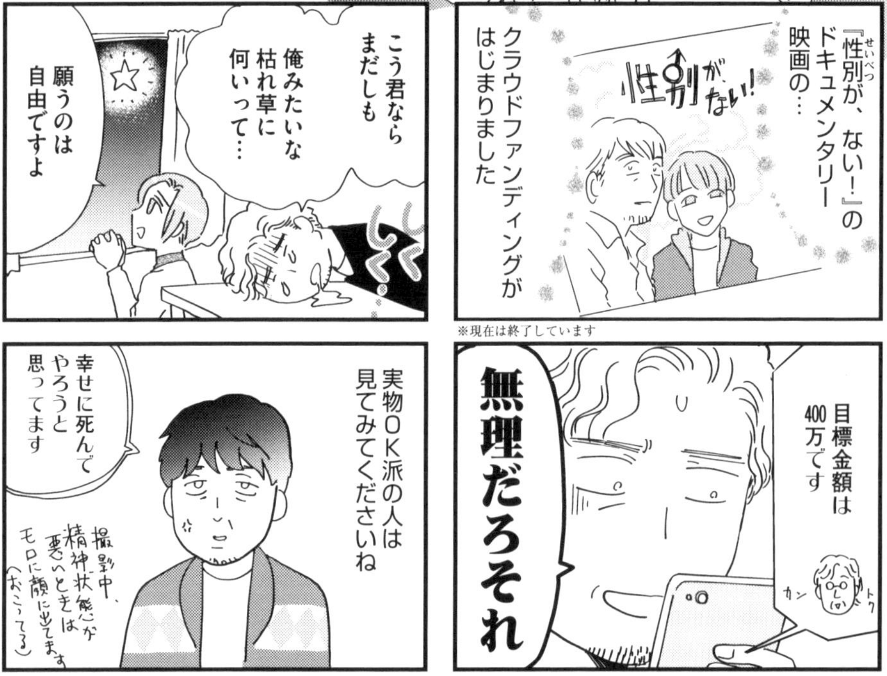
『性別《せいべつ》が、ない!』のドキュメンタリー映画の…
クラウドファンディングがはじまりました
性別が、ない!
目標金額は400万です
カントク
無理だろそれ
こう君ならまだしも
俺みたいな枯れ草に何いっって…
しくしく
願うのは自由ですよ
実物OK派の人は見てみてくださいね
幸せに死んでやろうと思ってます
撮影中、精神状態が悪いときはモロに顔に出てます(おこってる)

※現在は終了しています

気になっちゃう①

先月のこと
ほうれい線なくしたいなー
先生4月で47なんだからあるのが普通ですよ
ヤダー
こう君だってあと10年もしてシワ出てきた時…
おじさんだからシワシワでいいんですよ～
って若いコにいわれたらどう思う？
納得しつつも抗《あらが》います

気になっちゃう②

写真を撮る時明るいところだと――
見えなくなるけど
影がつきやすいところだと――
劇的～…
イヤだこのシリアス感いらない!!
笑顔だと気になりませんよ？
SMILE
笑いジワが自然とつくから…
ぼくは好きです
そ そうか…
ポッ

目立たなくするには①

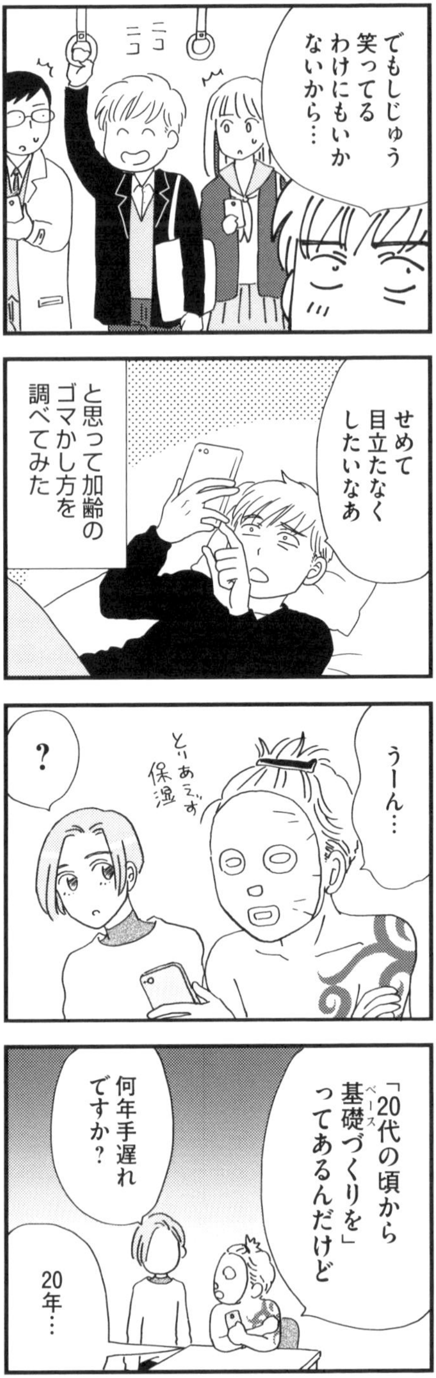
ニコニコ
でもしじゅう笑ってるわけにもいかないから…
せめて目立たなくしたいなあ
と思って加齢のゴマかし方を調べてみた
うーん…
とりあえず保湿
？
「20代の頃から基礎《ベース》づくりを」ってあるんだけど
何年手遅れですか？
20年…

目立たなくするには②

ほうれい線対策
①額《ひたい》を出す
エッ
なんか顔ー!!って感じで
かおーー!!
目立ちそうな気がするんだけど…？
出ている部分が狭いと
人はそこにだけ目がいきやすいが
額や眉が露出されると視線がそっちに向かう
たしかに…
トレンディエンジェルにシワあるかないか覚えてないもんなあ

髪にポイント①

②トップにポイントを置いた髪形にする
ポイント
ポイント
理由は①と同じ
こっちに視線を向けやすいからか
長めのパーマにしようと思ってたんだけど…
90年代リバイバルにあわせて
グランジ風
目線から下のパーマは顔下部に視線が向かいやすいので×
短髪パーマならアリ!?
ポイント

髪にポイント②

③髪を染めたりして明るい印象にする
ははあ…
さっそく実践した
これは「シリアス感の減少」になるやつだ
短髪黒髪おじさん
所《ところ》さん
まじめなイメージ
自由業のイメージ
明るい色だと写真に撮った時光りやすいですしね
黒髪黒服
シリアスな時に向いてる
闇
金髪白シャツ
ラフ板効果（ライトがわり）
光
でも怖い…
抜け毛がね

毛 ①

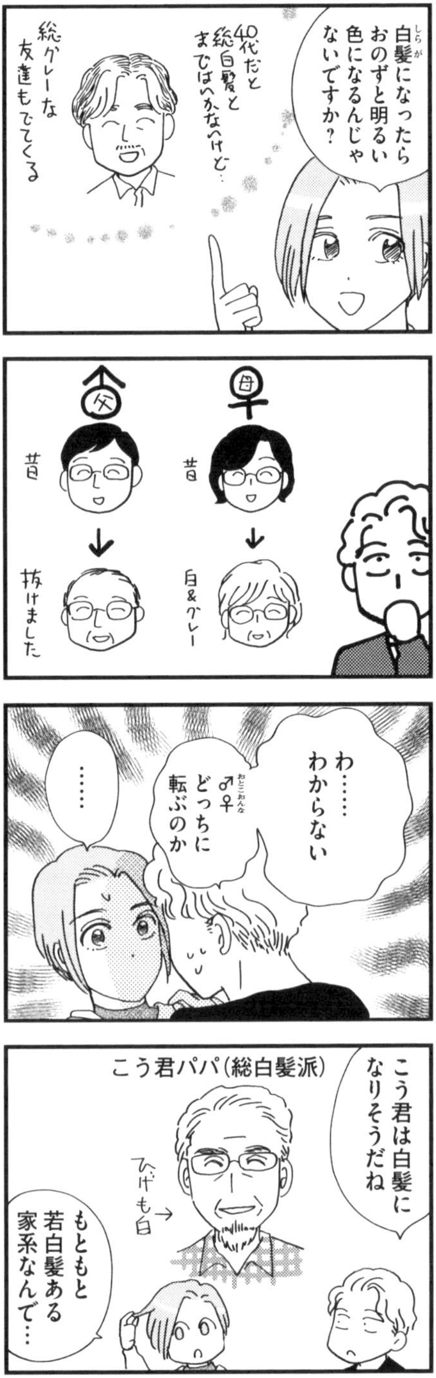
白髪《しらが》になったらおのずと明るい色になるんじゃないですか？
40代だと総白髪とまではいかないけど…
総グレーな友達もでてくる
父
母
昔
昔
抜けました
白&グレー
わ……わからない
♂♀《おとこおんな》どっちに転ぶのか
……
こう君パパ（総白髪派）
こう君は白髪になりそうだね
ひげも白→
もともと若白髪ある家系なんで…

毛 ②

④顔にアクセントをつける
女性ならメーク…？
ヘア
メイク
やってみっか
バアーン
とてもおすすめできません
男のアイテムでアクセントになり
誰でも無償で備わってるもの…
ハッ
これだ…！
ヒゲーッ
パパ…

メガネと…①

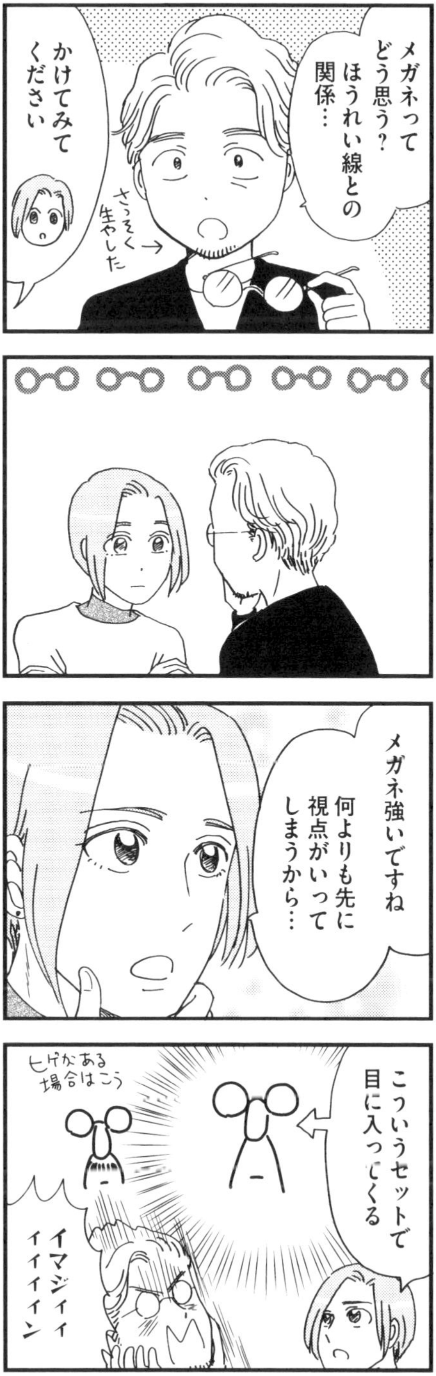

メガネってどう思う？ほうれい線との関係…
かけてみてください
さっそく生やした→
メガネ強いですね 何よりも先に視点がいってしまうから…
こういうセットで目に入ってくる
ヒゲがある場合はこう
イマジィイイイイン

メガネと…②

すっごい威厳は出ますよ！
偉い人っぽい
うーん…
そこまでするには威厳不足というか
男っぽさが足りなく感じるのは…
性別が中間だからかなあ
いや…単に似合わないタイプなだけかと
ぼくもたぶん似合わなくなるタイプですよ！
イヤアアアア シュールすぎィイイイ

4. 大人だけどスーツやめたい

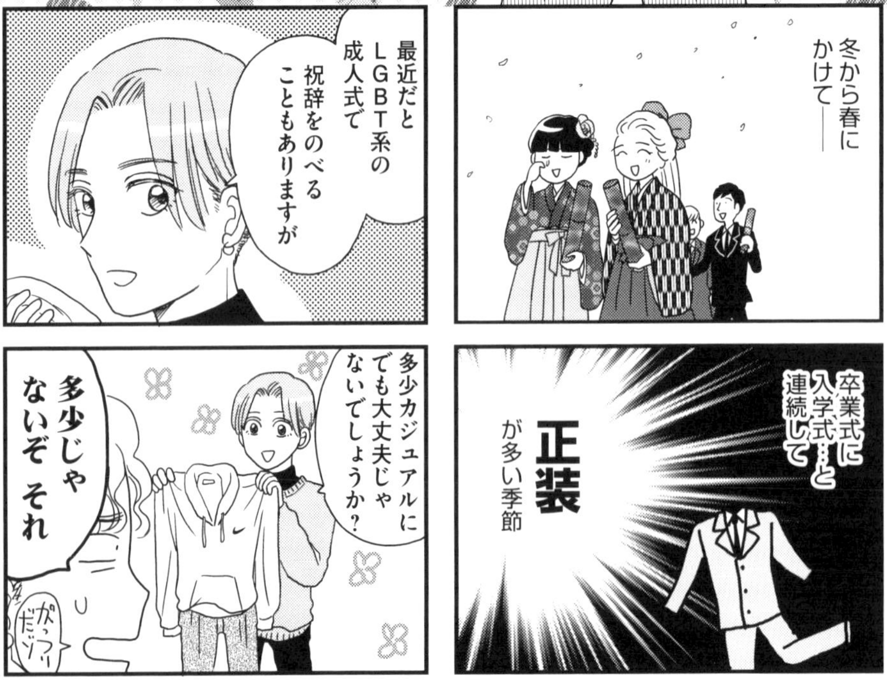

冬から春にかけて——
卒業式に入学式…と連続して
正装が多い季節
最近だとLGBT系の成人式で祝辞をのべることもありますが
多少カジュアルにでも大丈夫じゃないでしょうか？
多少じゃないぞ それ

男の決まり？ ①

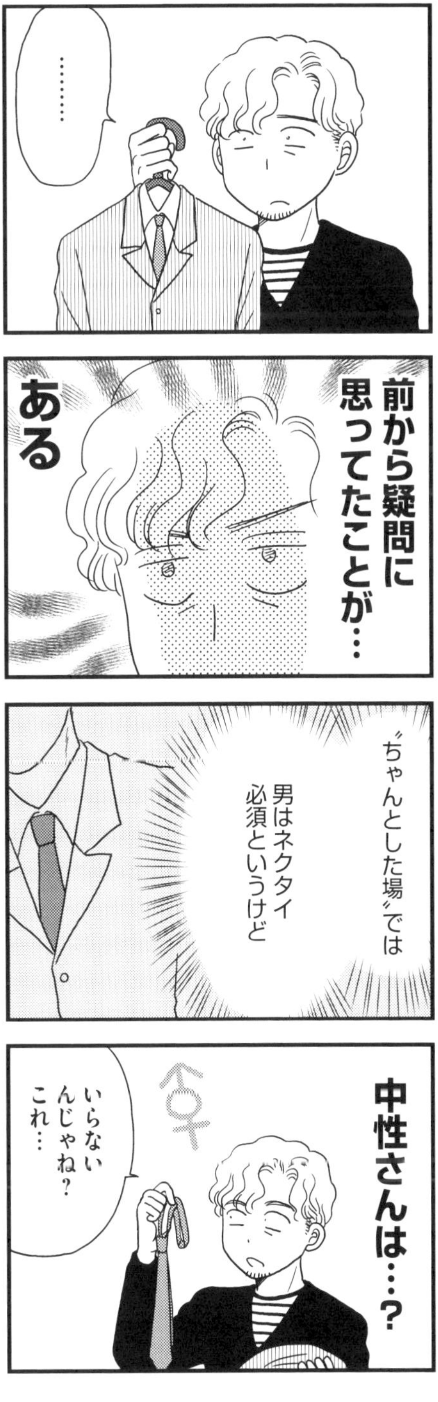
………
前から疑問に思ってたことが…
ある
“ちゃんとした場”では
男はネクタイ必須というけど
中性さんは…？
いらないんじゃね？これ…

男の決まり？ ②

LGBT成人式に出席するのにあたって
第０回LGBT成人式
………
性別の自認が…
男でも女でもない人
…も参加してるだろうから
えー皆さんはこれから
新成人として社会に…
やっぱ式典とかだと…
中性でも紳士服着るのか
男か女にあわせないとダメなのかなやっぱり…

幅のせまさ①

色やちょっとしたデザインの違いなどで個性をあらわすのみ
男は〝紳士服〟1択だけど…
女はスカートスーツでも
パンツスーツでもワンピースでもツーピースでも
正装になる
考えてみれば…
男の正装服じたい幅が狭いですね
そうなんだよねー

幅のせまさ②

〝男の常識〟にあわせるのもイヤな場合は
アーティストでございます
って格好するしかないのかなって――
わりとイケると思いますよ?
ちなみに女のパンツスーツを着るとそれはそれでアーティストっぽくなります
曲線的でピッチリしたつくりだから!?
メンズとはなにかがちがう

着れればいいってもんじゃない①

ぼくは気になりませんよ！
アートっぽいかわった正装
時にはクラシカル…
時にはフェミニンに…
…それは
こう君がイケメンだから着こなせるんで…
純日本人体形の俺には似合わない……
ボソボソ
いそいそ
といいつつノリ気じゃないですか
性別カンケーないニャ

着れればいいってもんじゃない②

中性さんに似合う正装は何か？
こういう話題を出すと…
紳士服もスカートも気にせず着ていいと思うよ!!
アハハ
本人の自由だし！
と寛大ぶったこといってくる人
必ずいるけど
結局それじゃ男女２択なんじゃボケー!!
着てもいいよ自由だよ
似合わなくても許してあげるよ自由だし
ドヤァ…

「紳士服」を…①

日本(昔)
男
女
西洋(昔)
男
女
こうして見ると男女の差がキッパリ…
なんでそこまでってくらい出てるよね
とくにチョンマゲ
じゃあ20世紀の間に確立した〝現代の正装〟も未来人から見れば…
この時代女は中性的もOKになったけど…
20世紀
男は画一的だねー

「紳士服」を…②

21世紀は多様化の時代だし
ここらでそろそろ…
「紳士服のお約束」を変えてもいいのでは?
★スーツの下に
はNG
★ジャケットの
本とめない
★ボタンダウン
ネクタイ
★腕を下ろした時シャツ
見える
★後ろ襟もジャケットから
見える
★フォーマルな場で短いジ
はNG
★フォーマルな場でブーツは
★ビジネスフォーマルは夏で
★半そでシャツにはネクタイ
★シャツの襟先はジャケットの
★着丈は尻が
こーいうのは20世紀の男文化ってことで!!
21世紀には21世紀にあったものを築いていっていいと思うのです
レディースのXLをザックリ着るとかアリだな…

LGBT成人式①

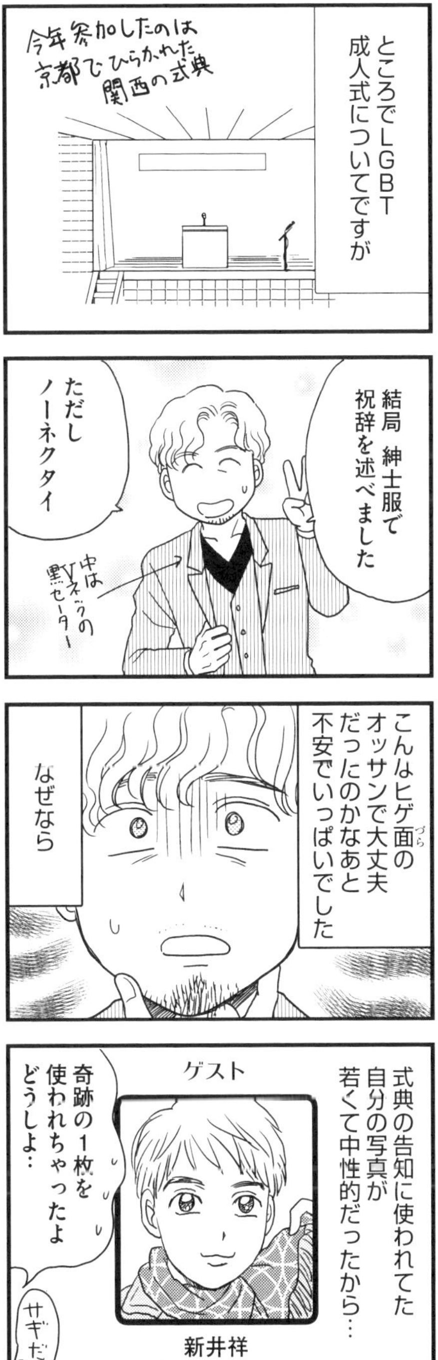
ところでLGBT成人式についてですが
今年参加したのは京都でひらかれた関西の式典
結局 紳士服で祝辞を述べました
ただしノーネクタイ
中はVネックの黒セーター
こんなヒゲ面《づら》のオッサンで大丈夫だったのかなあと不安でいっぱいでした
なぜなら
式典の告知に使われてた自分の写真が若くて中性的だったから…
ゲスト
新井祥
奇跡の1枚を使われちゃったよどうしよ…
サギだ

LGBT成人式②

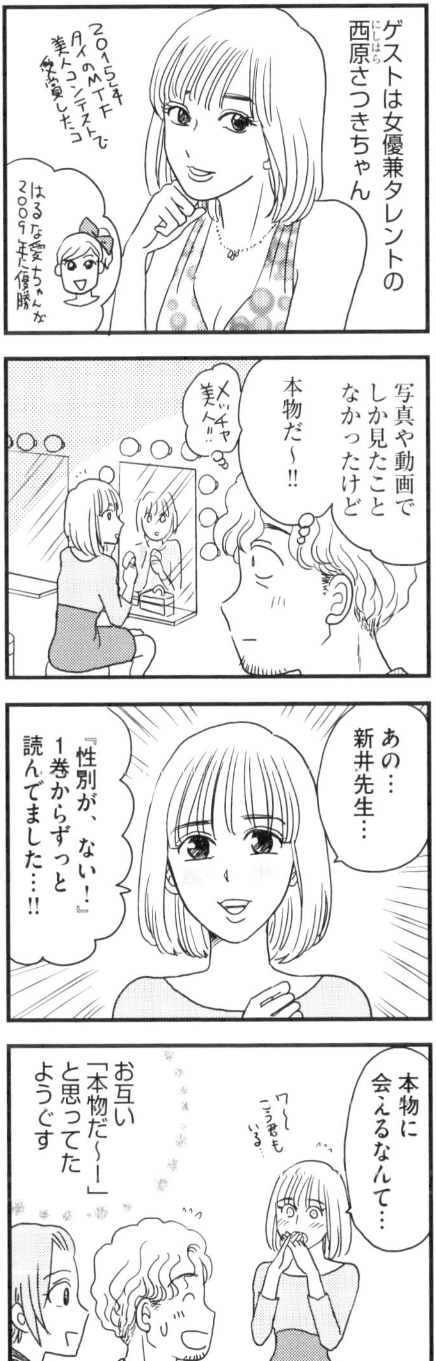
ゲストは女優兼タレントの西原《にしはら》さつきちゃん
2015年タイのMTF美人コンテストで優勝したコ
はるな愛ちゃんが2009年に優勝
写真や動画でしか見たことなかったけど本物だ〜!!
メッチャ美人!!
あの…新井先生…
『性別が、ない!』1巻からずっと読んでました…!!
本物に会えるなんて…
ワ〜しこう君もいる…
お互い「本物だ〜!」と思ってたようです

5.
女性として加齢したなら…

さいきん
小さい
フープ型
イヤリングにハマってます
(ピアスは穴埋まった…)

4月で47歳か…
47
おちさん
中年《ミドルエイジ》
逃げも隠れもできない
47
42
39
40代前半までは
えーまだ中年というには早いよ!!
同い年だけどまだ自分を中年とはいいたくないな〜
といわれることもありましたが…
女性として年を重ねていたらどんなふうに感じただろう…?
アンチエイジングはしてそう…

女として加齢したら①

地下アイドルにいそうな感じだった妹が…
妹
母
平成七年度 ○△短期大学
卒業式
今やすっかりDK《男子高生》のお母《かあ》さん…
甥①
妹
平成二十八年度 △□高等学校
入学式
普通の女の子に生まれてたら
こんな感じだったのかな―…って
Facebook《フェイスブック》でのぞき見するたび思ってしまいます…
こそこそ
どうどうと見たらいいじゃないですか

女として加齢したら②

う〜〜ん…
妹さんがそういう“ママ像”なのは…
元から穏やかでおしとやかな性格をしてるからでは…?
おっ俺だって100%女ならそういう大人だったかも…
身近にもうひとりいるじゃないですか
100%女性の血縁者が…
夜中若い子とパーティー組んだら寝落ち※しちゃってさ〜
攻略本
母似か

※オンラインゲームでゲーム中に本人が眠って活動停止してしまうこと

30代の記憶①

30歳まで女性として暮らしてきて
1971
～
2001
30歳からずっと男性…
2001
～
働きざかり
(30代の姿)
てことは要するに
21世紀に入ってからの
女性の記憶がないんですね?
そう…それもいきなりおじさんになっちゃったから
青年としての記憶もない
いいのかなこんなんで…

30代の記憶②

大丈夫ですよ
今は30代も「青年」な時代ですから…
…ねッ
あ…そうかこう君も30…
いえ ぼくは18歳ですが!
女性としての人生経験がないだけじゃなく…
サイナラ～
女の子の記憶からもどんどん遠ざかっていく…
思い出せるのはバブルの頃の少女ファッション文化のみ…
ベレー帽
太眉
赤リップ
ガウチョ型パンツ
ハイウエスト
30年たってリバイバルまっ最中ですよね

『Olive』系もしくは『mc Sister』系

人生におけるイロイロ①

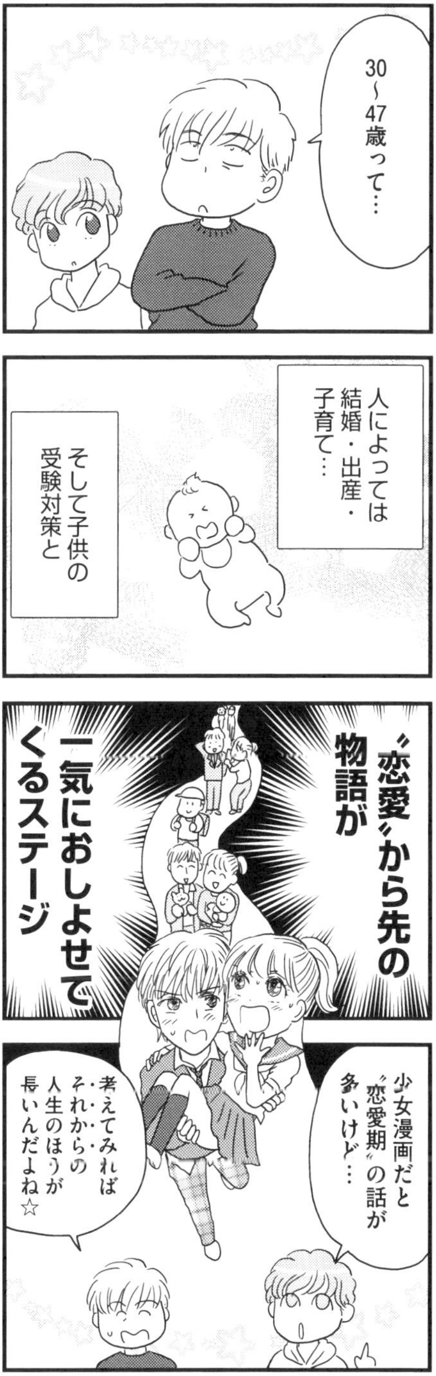
30～47歳って…
人によっては結婚・出産・子育て…
そして子供の受験対策と
〝恋愛〟から先の物語が一気におしよせてくるステージ
少女漫画だと〝恋愛期〟の話が多いけど…
考えてみれば・・・それからの人生のほうが長いんだよね☆

人生におけるイロイロ②

だからその人生におけるイロイロを
経験してないってのもなんだか損したような…
でも先生は結婚&離婚は経験済みじゃないですか
ぼくは何も経験できないから…
……!
じゃ…じゃあまずは子づくりだけでも…
ハァー
ハァー
できないでしょできない!!
顔が怖い

人生における…①

人生における「一般的なイベント」を
セクマイだと経験できない物もあるけど
俺は俺で染色体検査や
性別が変わることを経験してるし…
ぼくもぼくで初恋からずっとゲイとしての人生を経験してる…
あ!! 初恋を描いたコミックエッセイ出してます!
ぶんか社からは思春期の本も!!
差し込み加減が先生に似てきましたね
ぼくのほんとうの話
©幻冬舎
担当

人生における…②

ぼくは…
実をいうと子供ほしい派です
でも今の日本だと同性婚がNGだから
ゲイが子育てできる環境はまったく整っていません
男女以外は、
結婚するな!!
法律で禁止されてる状況下な上に
不定収入となると乗り越えなきゃいけない壁が多すぎます
そーだよね 一般的な男女の夫婦ですら子育てがハードモードな国だから…
これで簡単にできるくらいなら世のお母さんたちも苦労してないですよね
福祉のすすんだ国
EASY
NORMAL
HARD
EXTRA
戦争やききんのある国

自分の子供①

だから
自分の子供を産んで育てる
という夢は
この人生ではあきらめました
NO FUTURE
来世に期待ですかね
わかる
わかるといいながらも
俺は子供を育てる自分をイメージできない…
イメージなんてできないまま産んだわよ！
HA HA HA HA
そんなもんよ！
友人
母
ってよくいわれるけどなんでそんなことできんだ……？？？？

自分の子供②

〝母性〟ってのがどうもピンとこず…
父性の自覚は？
パパ〜※TDLいきたーい
ん〜む
あんまりパパ困らせちゃダメよモブ子

※東京ディズニーランドの略

いや…ピンとこず…
でもスゲー楽しそう…？
あっでも男性か女性かにふりきれて生まれてたら…
もしかしたら子育て本能過剰マンになってたかもしれませんよ!!
あ〜いどじい〜
世界で一番幸せにする〜!!
子づくりの行為は好きなのにべつなんだなぁ…

6.
女メガネと男メガネ

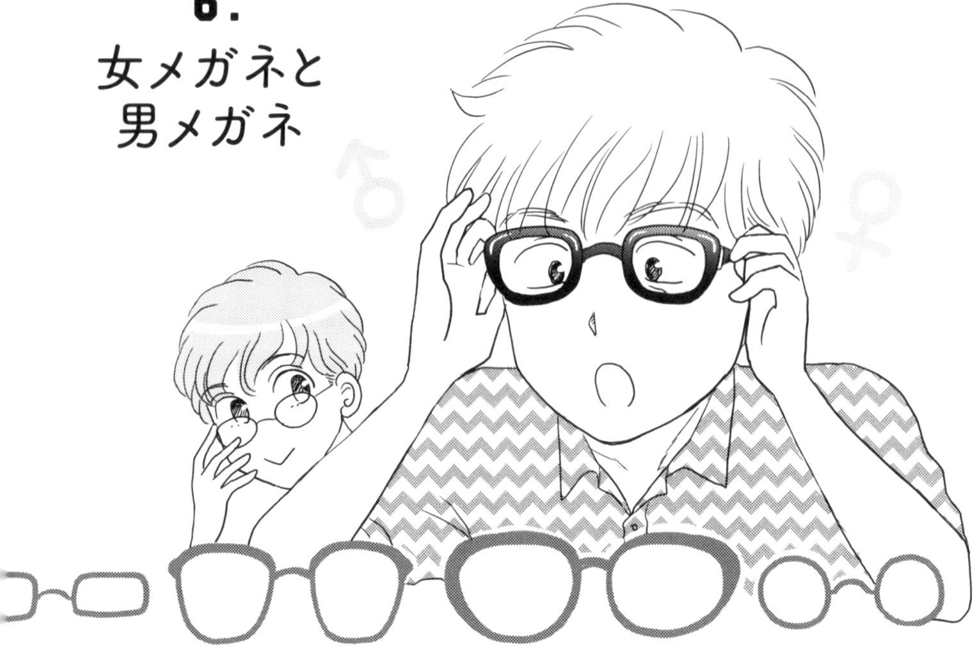

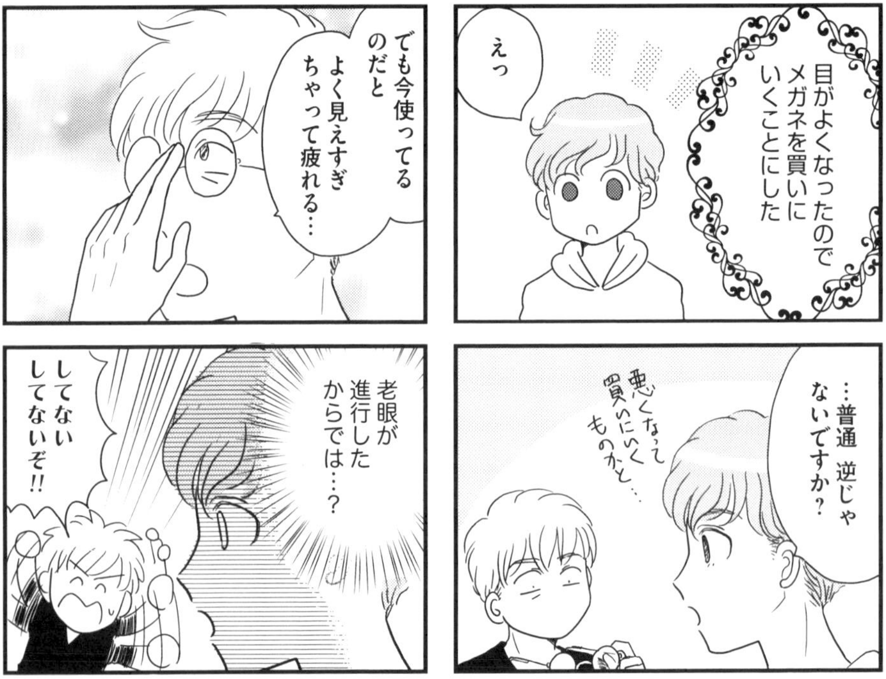
目がよくなったので
メガネを買いに
いくことにした
えっ
でも今使ってるのだと
よく見えすぎちゃって疲れる…
…普通 逆じゃないですか？
悪くなって買いにいくものかと…
老眼が進行したからでは…？
してない してないぞ!!

丸メガネ①

JINS
今使ってるメガネのフレームに不安を抱いてたところだったので――
METAL
ちょうどいい機会かなと…
え…
丸メガネのこと…？
似合ってたじゃないですか
単行本でもこんな感じでした
ん…
ズッ
プラセンタ打ってます
おじさんっぽい感じに見えるから…
「っぽい」ていうか…
おじさんですよ？

丸メガネ②

若いコが丸メガネをかけると
不思議とポップでキュートに見えるし
30代がかけると
クールで都会的な雰囲気が出るけど
ミドル世代がかけると…
………
オシャレはオシャレだけど…
なんだろこの俗世からもう引退しちゃった感…

メガネと性別①

men
women
メガネにも
「紳士用」「婦人用」と
LASSIC
BASIC
とくに表記のない「中間《ユニセックス》タイプ」があるんだね
「婦人用」は「紳士用」に比べると
♂
♀
ひとまわり小さくて
かけた時少し窮屈《きゅうくつ》そうになるよね!!
顔のサイズの問題なのでは…
ギュッ
真ん中によってるかんじ…

メガネと性別②

一方紳士用は幅があるのはいいけどその分重かったり
ずしっ
デザインじたいが**大人の男に似合うタイプ**
だったりする…
だから こう君みたいなジェンダーレス男子がかけると——
頭部と体の
温度差すごい

聞いてみた①

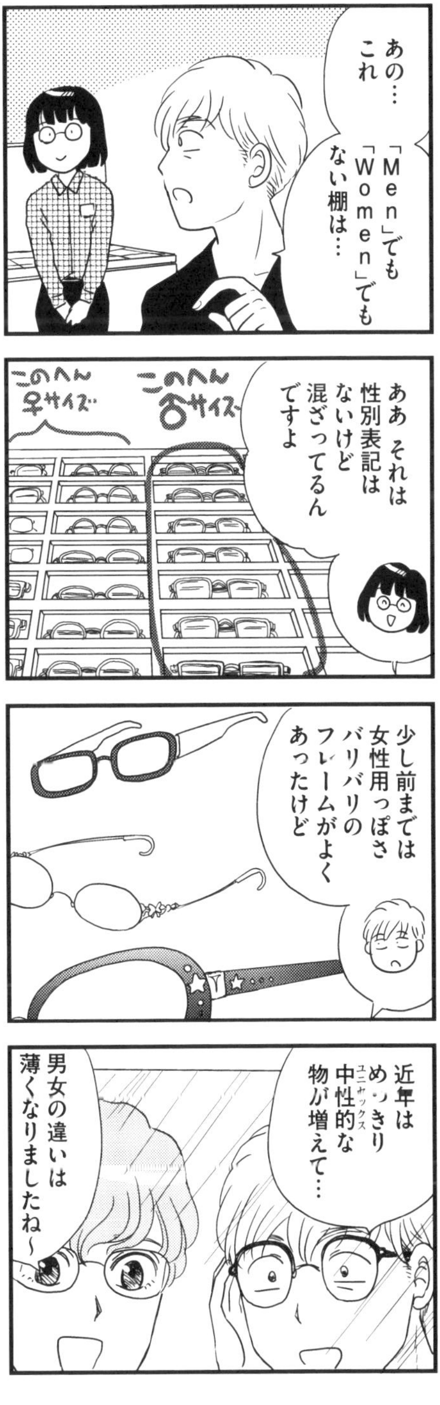
あの…
これ
「Men」でも
「Women」でも
ない棚は…
ああ それは
性別表記は
ないけど
混ざってるん
ですよ
このへん♀サイズ
このへん♂サイズ
少し前までは
女性用っぽさ
バリバリの
フレームがよく
あったけど
近年は
めっきり
中性的《ユニセックス》な
物が増えて…
男女の違いは
薄くなりましたね〜

聞いてみた②

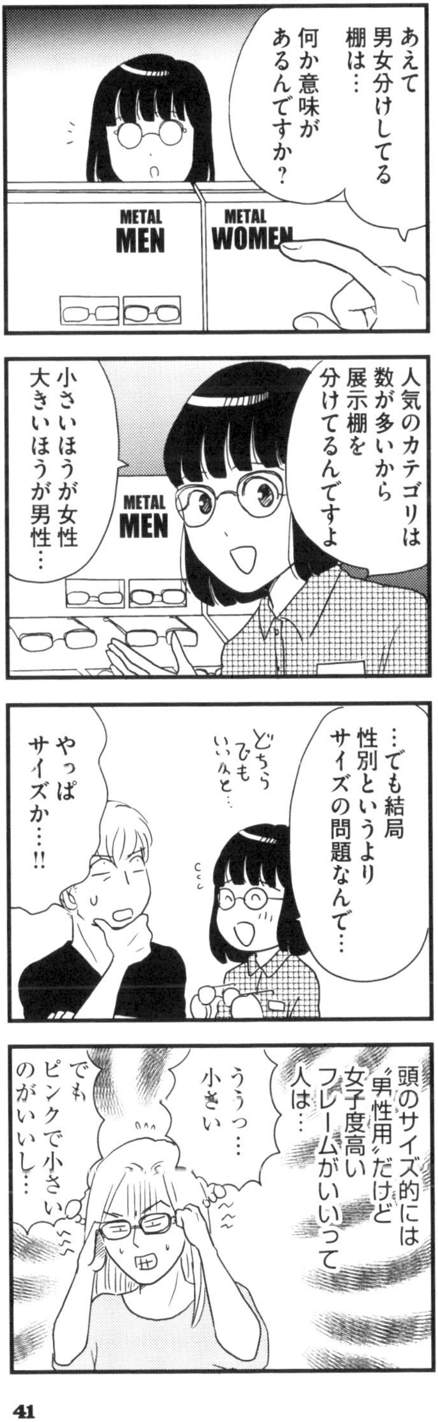
あえて
男女分けしてる
棚は…
何か意味が
あるんですか?
METAL
MEN
METAL
WOMEN
人気のカテゴリは
数が多いから
展示棚を
分けてるんですよ
小さいほうが女性
大きいほうが男性…
METAL
MEN
…でも結局
性別というより
サイズの問題なんで…
どちらでもいいんと…
やっぱ
サイズか…!!
頭のサイズ的には
"男性用"だけど
女子度高い
フレームがいいって
人は…
ううっ…
小さい
でも
ピンクで小さい
のがいいし…

威厳フレーム①

丸メガネも中間タイプで売られてるんだけど
おじさんだとなんというか…
偉人感がパネェ
5000
だから中性どころかむしろ――
（偉い）男性の象徴的イメージが
先入観ですよね？
うん 完っ全な先入観

威厳フレーム②

丸メガネを
若者がかけるとクールに見えるのは
威厳が＋《プラス》されて重みが出るからかも
アーティスト＆クリエイター感…
若いうちは素だと威厳ないですもんね
Cool
Young
たまに威厳臭強い子いるけどあれは…
顔立ち？家柄？
Noble

中間タイプ①

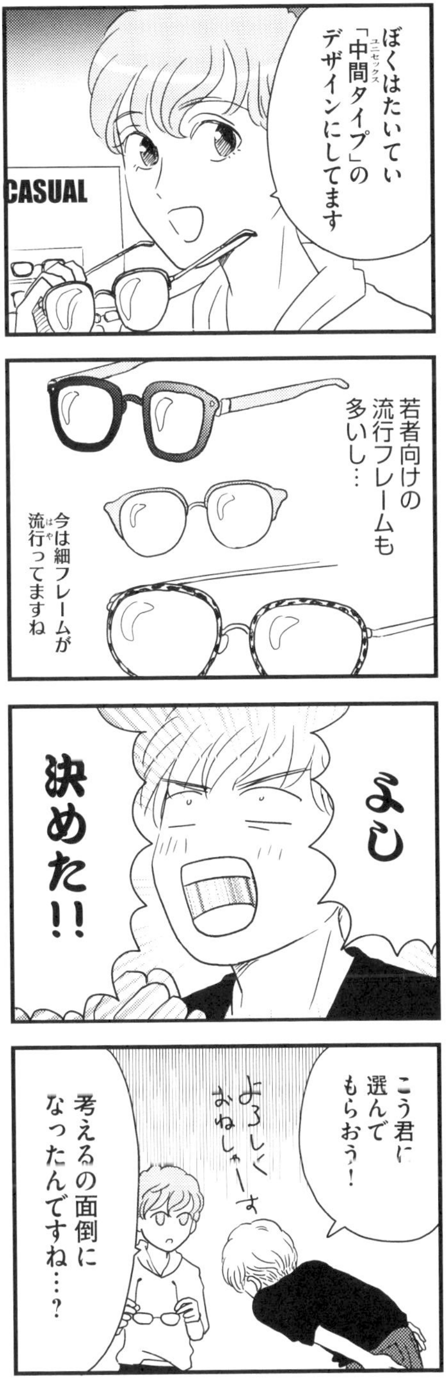
ぼくはたいてい「中間《ユニセックス》タイプ」のデザインにしてます
CASUAL
若者向けの流行フレームも多いし…
今は細フレームが流行《はや》ってますね
よし決めた!!
こう君に選んでもらおう!
よろしくおねしゃーす
考えるの面倒になったんですね…?

中間タイプ②

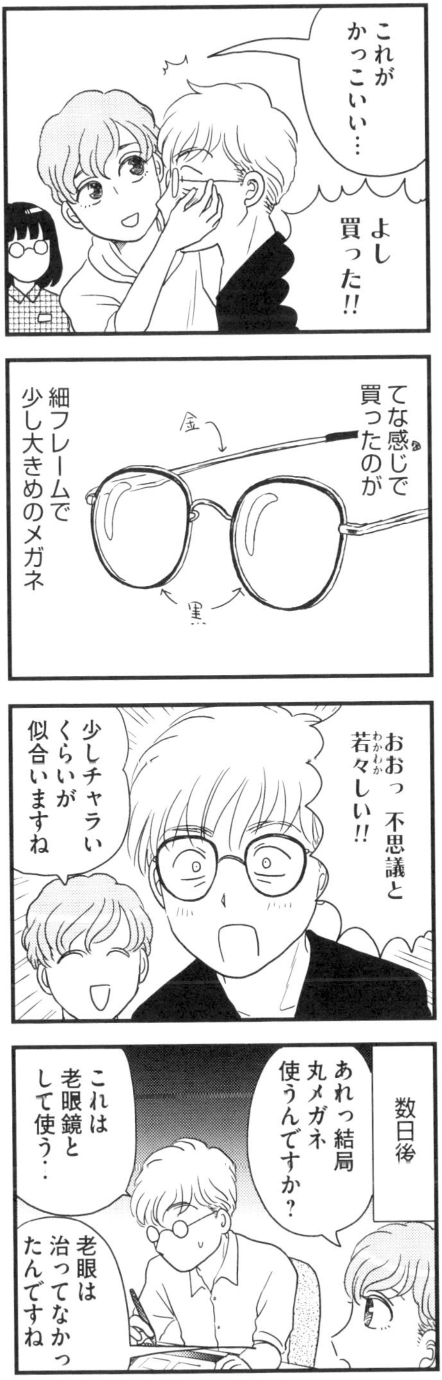
これがかっこいい…
よし買った!!
てな感じで買ったのが
金
黒
細フレームで少し大きめのメガネ
おおっ若々《わかわか》しい!!
不思議と
少しチャラいくらいが似合いますね
数日後
あれっ結局丸メガネ使うんですか?
これは老眼鏡として使う…
老眼は治ってなかったんですね

7.
性指向と性嗜好《しこう》

新井先生は男と女どっちが好きですか？
とよく聞かれますが
「どっち」って…
そもそも自分は「どっち」…？
「どっち」って実はあまり考えたことない…
このへんにいる人がいい場合は…「どっち」っていえばいいんだろ!?
分岐点
女山
男山

中性的な男①

若い頃は
女の子じゃないと無理!! とか
男の子じゃないと無理!!
だった時期もあります
男か女にふりきれてたんですね
そー なんだ
中性的な女子はまだ大丈夫なんですが
中性的な男子はぶっちゃけ
苦手でした

中性的な男②

その理由はわかってる
力持ちで粗野《そや》な男くさいタイプが
繊細な作業や料理・ぬい物が苦手でも
まぁ
その分力仕事してもらえるし
と思えるけど
中性的でヒョロっとした男が家事に対して
男がそんなことできっかよ〜
とでもいおうもんなら
じゃあおまえは何ができるんだ!?
って思ってしまうから…
なるべく避けてた

よいところ①

でも21世紀も進むにつれ
一見
たくましくて元気だけど
力仕事まったくできない男子とか
?!
かわいくて繊細だけど
料理・家事もいっさいできない女子が
大人にとやかくいわれながらも
恋をして社会に出ているさまを見て
自分の価値観も変わってきました

よいところ②

元気に励ます力とか
ネットワーク管理がすごく得意だとか
フム
よし
力仕事や家事が苦手でも
べつの長所があるのなら――
足りないところは誰かと力を貸しあえばいい
重《おも》!!
と考えるようになったな

昭和的

もちろん相変わらずこーいう男は嫌いだし…
男が料理できっかよ
逆にこーいう女も嫌いだけど…
女の子に重い物もたせる気ー？
自分が若い頃に比べると激減したと思う…！
漫画表現としても減りましたよね
どっちも若者より中高年の発言になった気もするし
男が料理なんて…
女に力仕事させないでよ〜
ハイ荷物もて
そのまま老けた感じ…

性指向

話それましたが
現在の性指向はというと…
内面が中性的
やはり価値観があうほうがいいなと…
外見は？
外見の性別はあまりこだわったことない
けどチンコかわいいからあったほうがいいなとは思う
バーン!!
そこはこだわりなんですね…

チンコかわいや①

チンコは眺《なが》めてよし
Hello
触ってよし
プルプル
音色《ねいろ》を聴くもよし
ぺったんぺったんぺったんぺ
玉に打ちつける音
お風呂あがりの股間で遊ばないでください!!
自分のでできないからさ〜〜〜
ダメ

チンコかわいや②

女性のは興味ないんですか
なんでチンコだけ?
あんまり…
じゃあ手術でつけたチンコやもう勃《た》たなくなったチンコは…
ROBO CHINKO
INKYO CHINKO
ぜんぜんOK
出っぱってんのが好きなんだよねなるたけ
朝勃ちとかもうすばらしい光景
…でもぼく20代の頃に比べたらあまり朝は
知ってる
…なんで知ってるんですか?

指向と嗜好①

性指向ってさー
「性嗜好」と間違いやすいよね
SHi
KO
【性指向】
どんな性別の人を恋愛対象とするか
私は男が好き
私は女も恋愛対象♡
【性嗜好】
何に〝性的興奮〟を感じるタイプか
私はSM…
私は臭いフェチ…
これほんとに混同しやすい!!
何せ読み方同じですしね…

指向と嗜好②

嗜好ってのは
「わざわざ好き好んでやる」とか
「趣味として楽しむ」
って意味をもつので
同性愛を〝趣味〟っていうな!!
L
G
B
という声も強くなっている現代日本ですが
妻《おんな》ばかりじゃ飽きるから…
たまには男でも抱くか
たまには女性に思いっきりクンニされたい…
ヘタな男多いから…
あくまでエッチの「嗜好」として楽しんでる人もいるから
混乱はなかなか収まらないと思う…
この際べつの言葉にしたほうがいいような気が!?

8. 男度ポイントって…？

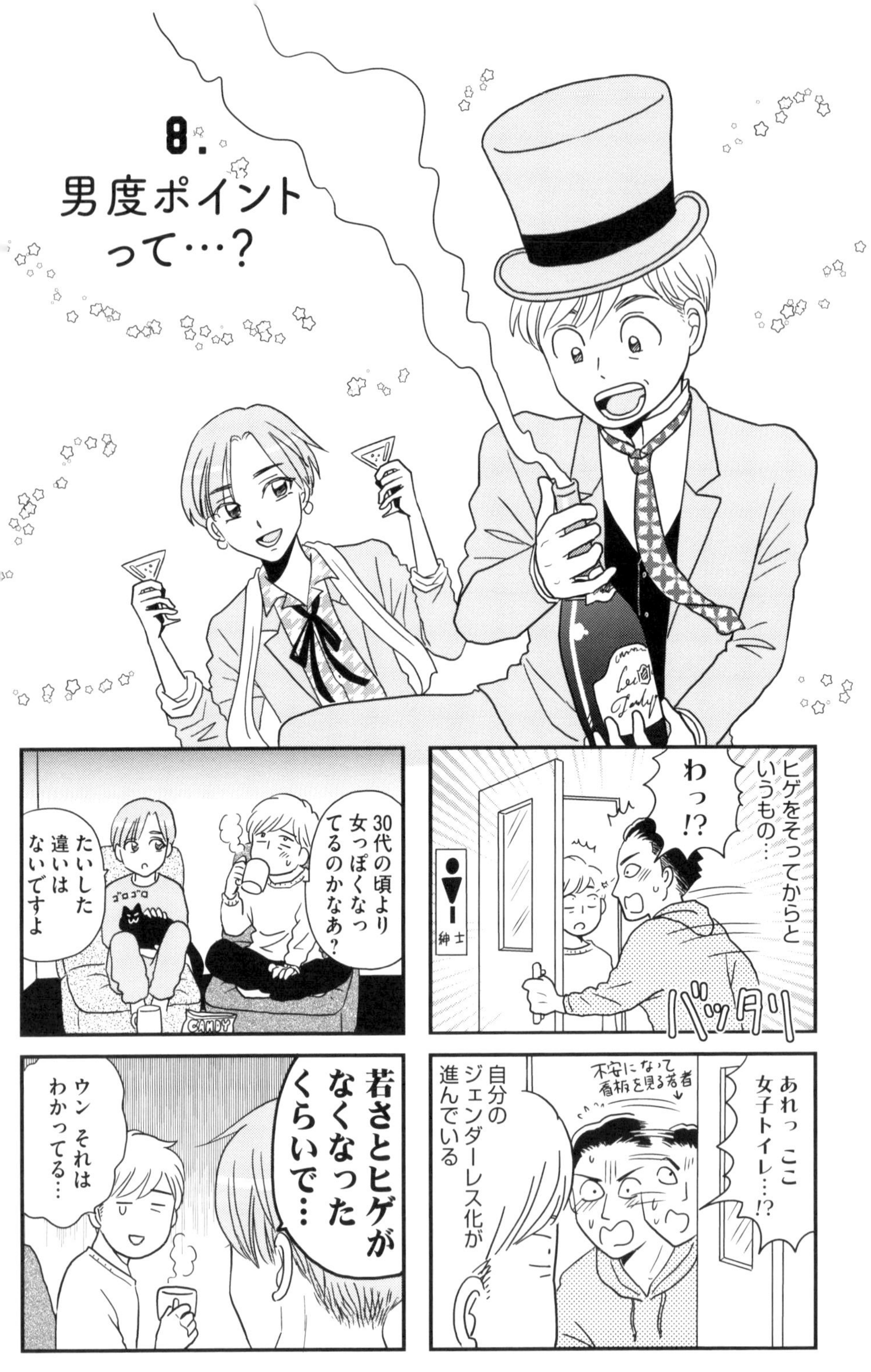

ヒゲをそってからというもの…
わっ!?
紳士
バッタリ
あれっ ここ女子トイレ…!?
不安になって看板を見る若者
自分のジェンダーレス化が進んでいる
30代の頃より女っぽくなってるのかなあ?
たいした違いはないですよ
ゴロゴロ
CANDY
若さとヒゲがなくなったくらいで…
ウン それはわかってる…

埋没①

どちらかというと世間が変わったような…
この10年間で
ショートカットの女の子増えましたよね
“太眉《ふじまゆ》”もリバイバルしまくってるし…
KUKKIRI!!
ボーイッシュ女子の多い現在ではもしかしたら…
大差ない!?
♀
♀
♀

埋没②

太眉&ボーイッシュ女子が多い時代…
……
おんなのこ
そうなってくると身長が低い分俺は…
埋没しやすい…?
「中性的に生きていく」と宣言しておきながらも
……
イザ女の子扱いをされるととまどう人
10年くらい前は細眉《ほそ》&メークバッチリ女子が多かったから楽に違いが出せたんだけどなあ
ギャル

男の決め手①

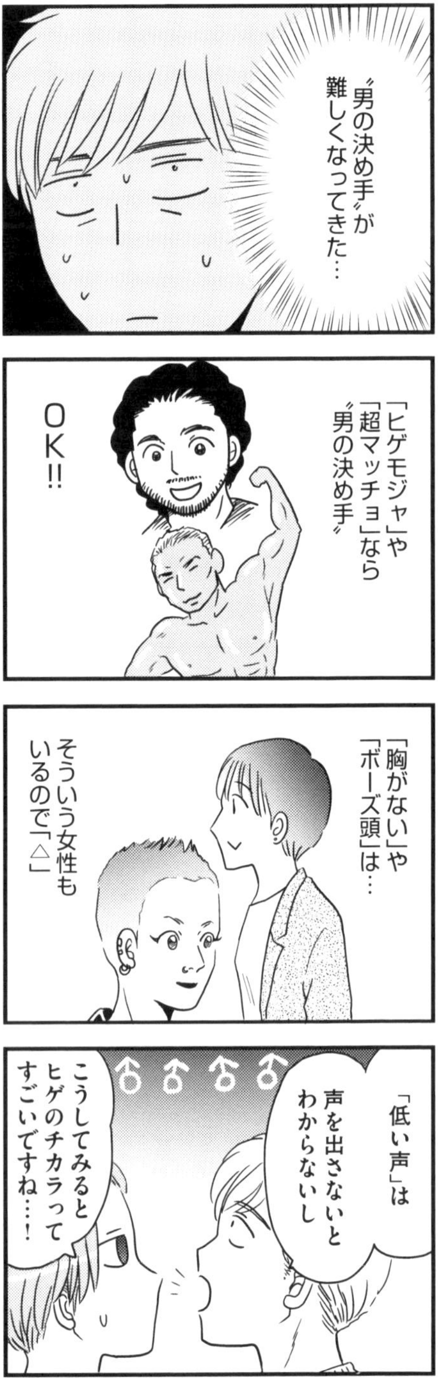
〝男の決め手〟が難しくなってきた…
「ヒゲモジャ」や「超マッチョ」なら〝男の決め手〟
ＯＫ!!
「胸がない」や「ボーズ頭」は…
そういう女性もいるので「△」
「低い声」は声を出さないとわからないし
こうしてみるとヒゲのチカラってすごいですね…!

男の決め手②

ヒ…ヒゲとかまた生やしたほうがいいのかな!?
外見ももう少しおじさんらしくしたほうが…
年相応ルック
気にすることないですよ～
ぼくも年相応にしてませんし…
男らしくもしてません
でも こう君のふだん着って…
韓流《はんりゅう》系短髪女子に埋没してる…!!
俺には無理…!!

こう君の場合①

こう君は男子トイレで
えっ 女!?
っていわれたりは…
しょっちゅうなので慣れました
やっぱりか
20代の間長髪だったもんねこう君
20代前半
20代後半
いえ 高校生の頃からずっと…
あれっ 女の子!?
年季が入ってんなー

こう君の場合②

双子の兄も女に間違われたりしたのかな?
昔
今はこう君より男っぽい
10代の頃はあると思いますよ
中学
兄
こう
中性的な顔立ちだし…
でも高校くらいから男くさい素行をするようになっていったから…
不良系(兄)
かわいい系(こう)
キャラ分裂
そうか…!
決め手は顔立ちじゃないんだね
仕草や雰囲気なんだと思います

性別不詳？ ①

先生は女っぽい仕草ってわけじゃないんだけど…
あ…っていうか
むしろ普段はおじさんぽい仕草なんだけど…
ムニュ
おいいい直してそれか
ハッ…
ダボっとした楽な服ばかり好んで着るから性別不詳になりやすいんじゃないですか？

性別不詳？ ②

たしかに…
マジメな格好の時は女と思われないのに
ダボっとした服を着ると中性的だって思われやすい…
1年前
ヒゲメガネの時はダボっとしてても男っぽかったんだけど
やっぱヒゲのポイントって高いんだな～！

男度ポイント①

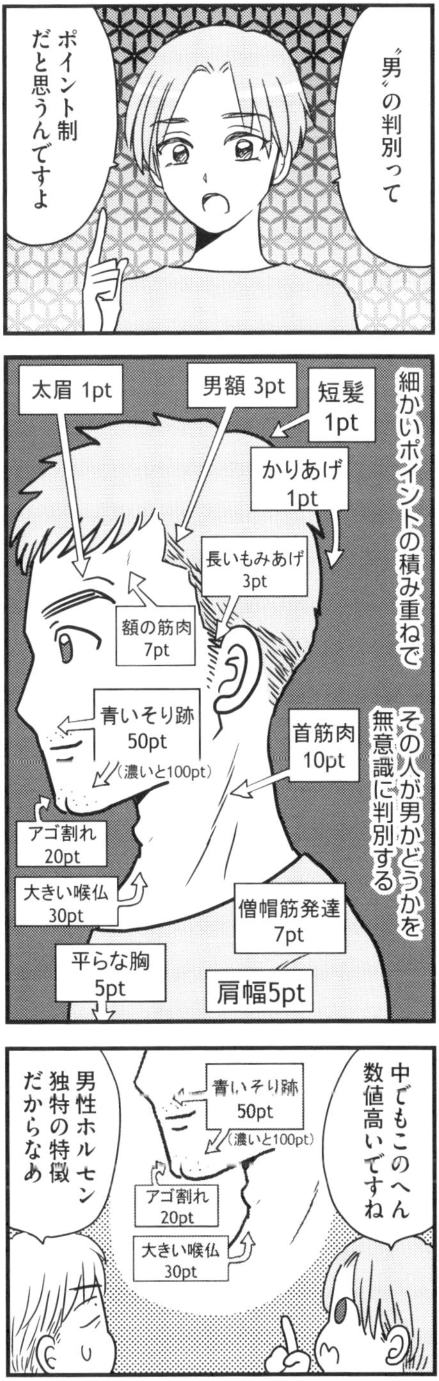
〝男〟の判別って
ポイント制だと思うんですよ
細かいポイントの積み重ねで
その人が男かどうかを無意識に判別する
短髪 1pt
男額 3pt
太眉 1pt
かりあげ 1pt
長いもみあげ 3pt
額の筋肉 7pt
青いそり跡 50pt （濃いと100pt）
首筋肉 10pt
アゴ割れ 20pt
大きい喉仏 30pt
僧帽筋発達 7pt
平らな胸 5pt
肩幅5pt
中でもこのへん数値高いですね
男性ホルモン独特の特徴だからなぁ
青いそり跡 50pt （濃いと100pt）
アゴ割れ 20pt
大きい喉仏 30pt

男度ポイント②

先生が若見えするためにしてることが…
ひたいかくす
まゆげととのえ
もみあげそる
ひげそる
ゆる服
男度ポイント削減につながってるのでは…
そういやそうか!!
…でもまあいいか…
中性として生きるわけだし…
先生最近若返った～
って生徒にいわれるの心地いいし…
いわれなくなったらまたヒゲ生やすなこりゃ
てれてれ…

9.
頭の大きさは加齢で変わる!?

PASHA

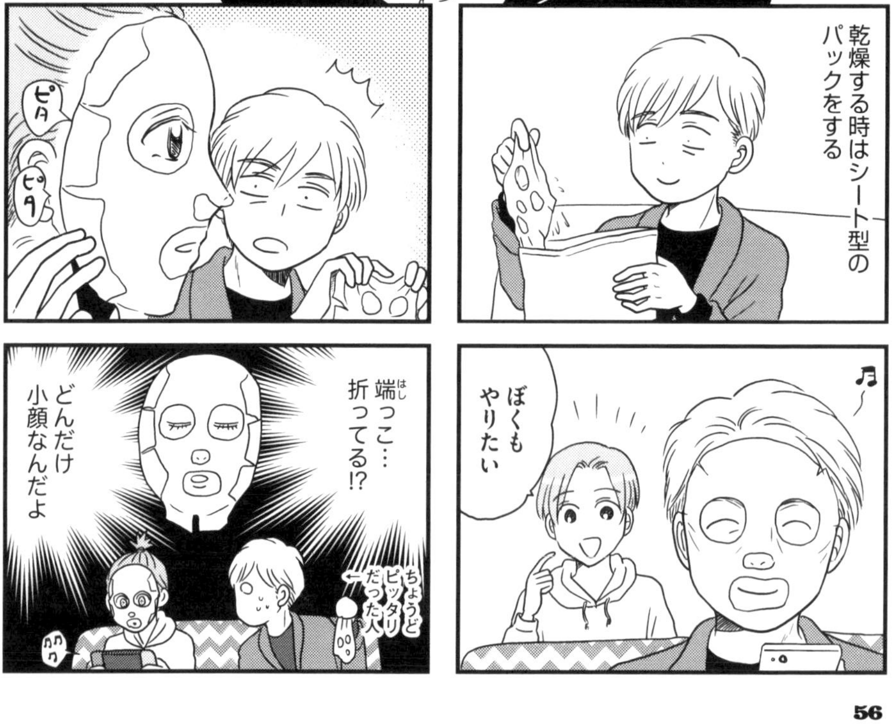
乾燥する時はシート型のパックをする
ピタ
ピタ
ぼくもやりたい
端《はし》っこ…折ってる!?
どんだけ小顔なんだよ
ちょうどピッタリだった人

小顔というけど…①

小顔ですね!!
読者さん
ってたまにいわれますけど…
そんなに小さくはないですよ
ウソだ〜
むしろ20歳《ハタチ》の頃より大きくなった気がして…
①〜②巻の頃
不安…
あっ 公称18歳ですけどね ぼく!!
永遠に
なんで巻き戻ってんだよ時間が〜

小顔というけど…②

最近の若いコって…
めっっちゃ小顔な男子
いません?
友達や生徒で僕より小顔な男子が何人かいるんですが
……
?!
?!
一緒に写真撮りましょう
スス…
少し顔を後ろにしちゃいます

帽子が…①

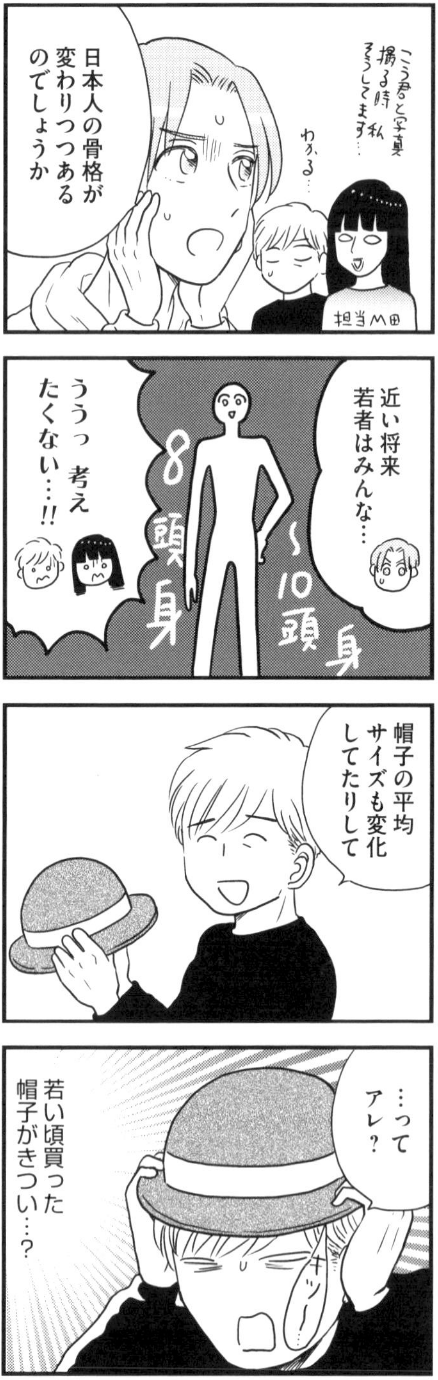
日本人の骨格が変わりつつあるのでしょうか
こう君と写真撮る時私そうしてます…
わかる…
担当M田
近い将来若者はみんな…
8頭身
~10頭身
ううっ考えたくない…!!
帽子の平均サイズも変化してたりして
…ってアレ?
若い頃買った帽子がきつい…?
キツ…

帽子が…②

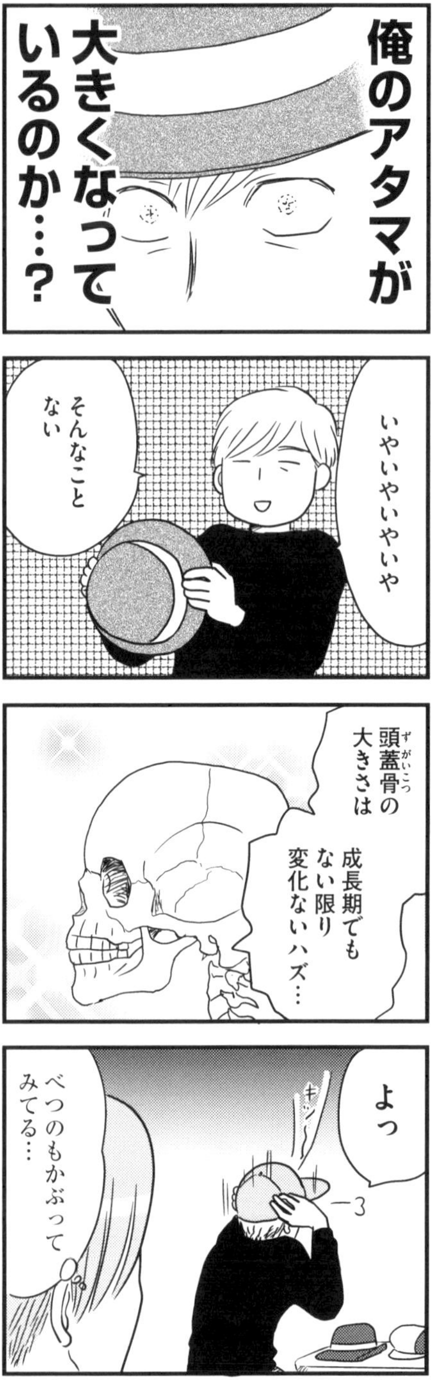
俺のアタマが大きくなっているのか…?
いやいやいやいやいや
そんなことない
頭蓋骨《ずがいこつ》の大きさは
成長期でもない限り変化ないハズ…
よっ
キツ〜
べつのもかぶってみてる…

加齢とともに？ ①

骨密度の低下で縮んだり凹《へこ》んだりすることはあるって…
アイホールは広がる
「縮んだぶんだけ余った皮フが垂れてタルミに…」!?
?!
?!
えっウソ…
大丈夫!!
骨密度は若い頃とかわらない!!
ほね元気
このタルミは皮フの老化!!
胸をはっていうことじゃあ…

加齢とともに？ ②

何なに…「加齢とともに頭が大きくなるのは…」
「たいていが肥満やむくみによるものです」
?!
エ〜〜〜〜!?
むくんでるわけではないですねえ？
むしろ30代の頃のほうが太ってたような——
ハッ…
まさか男性ホルモンのせいで…
体の筋肉同様頭や顔筋も発達したとか…!?

かむ筋肉①
【側頭筋《そくとうきん》】
このへん
物をかむ時に使う咀嚼筋《そしゃくきん》のひとつ
物をかんだり
PARi
歯をくいしばったりしてるうちに
ネチ
ネチ
いつのまにか鍛えられてしまうものだけど…
物を食べるとピクピクする筋肉
ピクピク
もぐもぐ
そこがムキムキになってしまってたらどうしよう!?
キッ〜
ムキムキ…
ムキムキ

かむ筋肉②
ホルモン変化で顔筋がつくっていうのは
あると思いますが
ぼくも増えてる
のかな〜ヤダな〜
側頭筋に関しては…
凝り固まってるだけかも…しれませんよ
ふおっ!?
グリグリグリ
ぐりぐりぐりぐりぐりぐり
…変な声出さないでください

ほぐしのススメ①

ハァ
ハァ…
どうですか
カポ
あ…少し
やわらかく
なった気がする
ぼくは
顎関節症《がくかんせつしょう》で
頭痛持ち
なので…
咀嚼筋の
マッサージは
よくするんです
ほぐれ
ますよ
くり
くり
くり
くり
もしやこれが
小顔の秘訣《ひけつ》…!?

ほぐしのススメ②

?!
それでもやっぱり骨格
ごと小さい若者には
かなわないですが…
ガバッ
大丈夫!!
ひょこ
俺が交じれば
わからなくなる!!
ゾロゾロ
さあ大人世代の
みなさんも早く!
平均年齢が
上がっていく
ばかりな
ような…

10.
ヒゲあり中性という生き方

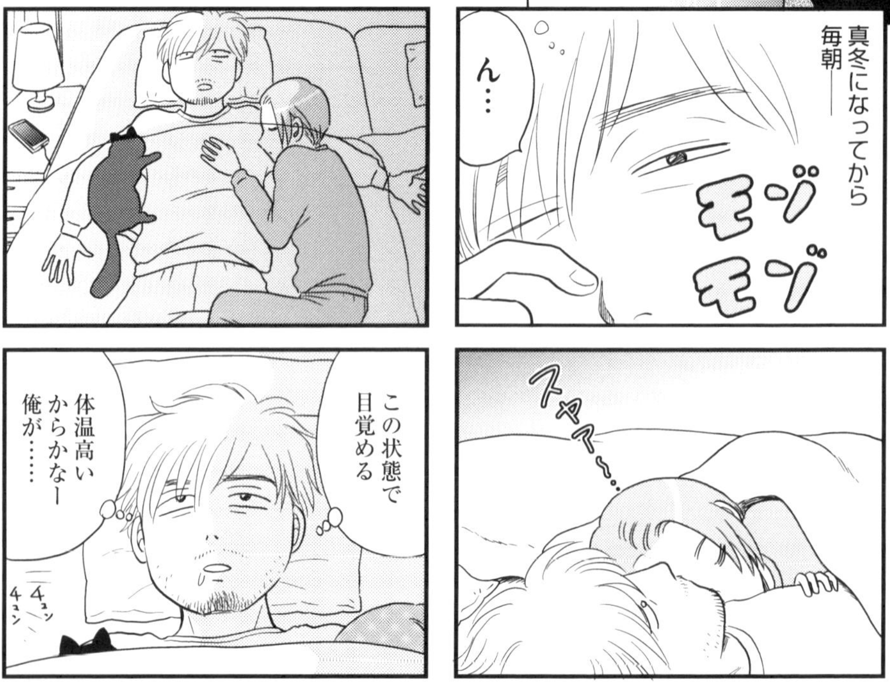

真冬になってから毎朝——
ん…
モゾモゾ
スヤァ〜…
この状態で目覚める
体温高いからかなー俺が……

〝中性〟の1年①

もっさり・・・
※職場
正月休みの間に伸びましたね・・・!
そらなかった…
去年はドキュメンタリー映画の公開があったから
性別が、ない!
〝中性〟らしさを表すためにそってたけど…
あ そうだったんだ!?
若く見せたいだけかと…

〝中性〟の1年②

〝中性〟ってこと背おうのに
肩こってきちゃってさ
LGBTの抱える社会問題とむきあう機会が増えたので
差別と人権について
日常くらいはただの男でいたいなと
っていいつつも…
女だと思ってナンパしてくる人が出てきたからだったりして…
写真がいけないのかなあ
ブツブツ

性の記号①

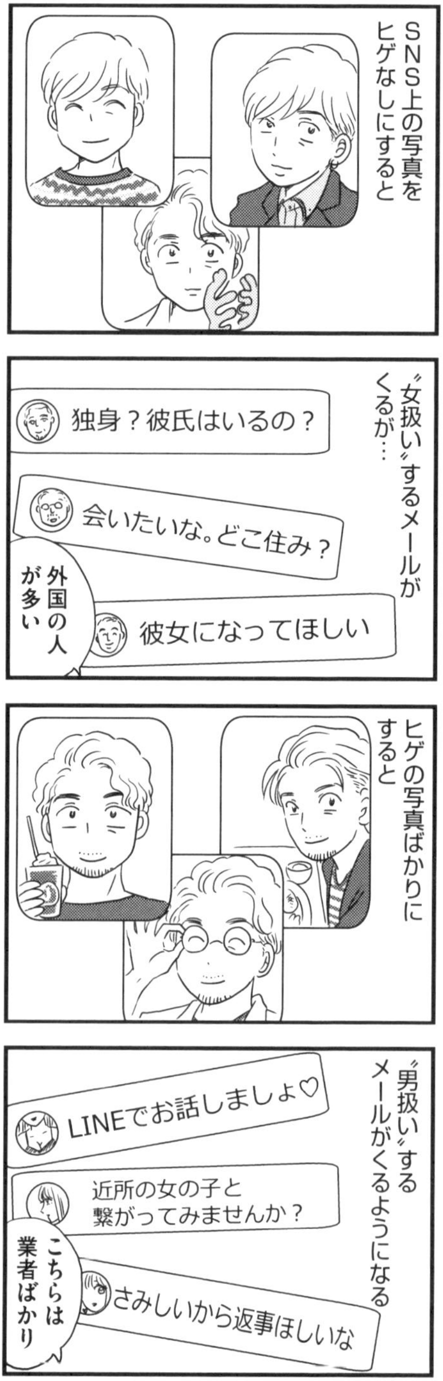
SNS上の写真を
ヒゲなしにすると
〝女扱い〟するメールが
くるが…
独身？彼氏はいるの？
会いたいな。どこ住み？
外国の人が多い
彼女になってほしい
ヒゲの写真ばかりに
すると
〝男扱い〟する
メールがくるようになる
LINEでお話しましょ♡
近所の女の子と
繋がってみませんか？
こちらは業者ばかり
さみしいから返事ほしいな

性の記号②

こんな時
ふと思う
男でも女でもない
中性らしく・・・生きる!!
っていつも
いってはいるけど
結局性別の
・・・らしさなんて…
ただの記号
なんじゃね…？
子供を
つくらないなら
なおさら…

性自認中性①

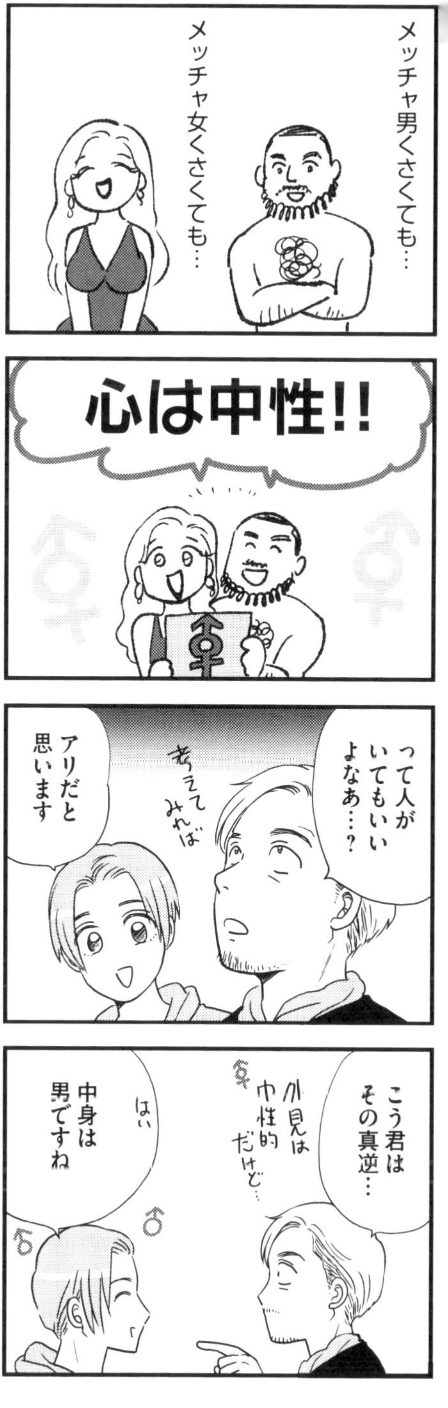

メッチャ男くさくても…
メッチャ女くさくても…
心は中性!!
って人がいてもいいよなあ…?
考えてみれば
アリだと思います
こう君はその真逆…
外見は中性的だけど…
はい
中身は男ですね

性自認中性②

外見はクッキリ「男」か「女」だけど心は
男と女の中間くらいかな〜
って人…
想像よりたくさんいる気がするんだよね
外見じゃわかりませんもんね
子供っぽい!
逃げてるだけでしょ
マウントしてくる人たちが面倒だからクチにしないだけで…
「シークレット中性」って街にたくさんひそんでいると思う…!
女子力高めないと〜
ウンウンそうだね〜
→ほんとはどうでもいい

ヒゲがあって中性①

男に埋没して暮らすほうが楽なんですか？
ウン
じゃあ〝ヒゲがあって中性〟…でいいと思いますよ
そーだよね
まあぼくにいわせると…
ヒゲがなくてもおじさんにしか見えませんが…
うッ…そ…そうだよネ…
女性だと思われるのは写真のうつり加減です

ヒゲがあって中性②

俺ってさ定期的に
外見の性別で悩んでるじゃん？
ヒゲのあるなしとか
はい
でも仕方ないんだよォ〜
年ねん加齢で変化してくのに
見本となる先駆者がいなくて常に困ってる…!
中性の先輩っていうとよく高見沢《タカミー》俊彦やYOSHIKI《ヨシキ》をススメられるけど
あの人たちはキレイなおじさんで中性じゃないから…!!

ヒゲと加齢①

ヒゲと加齢②

11. 友人・知人からの質問コーナー

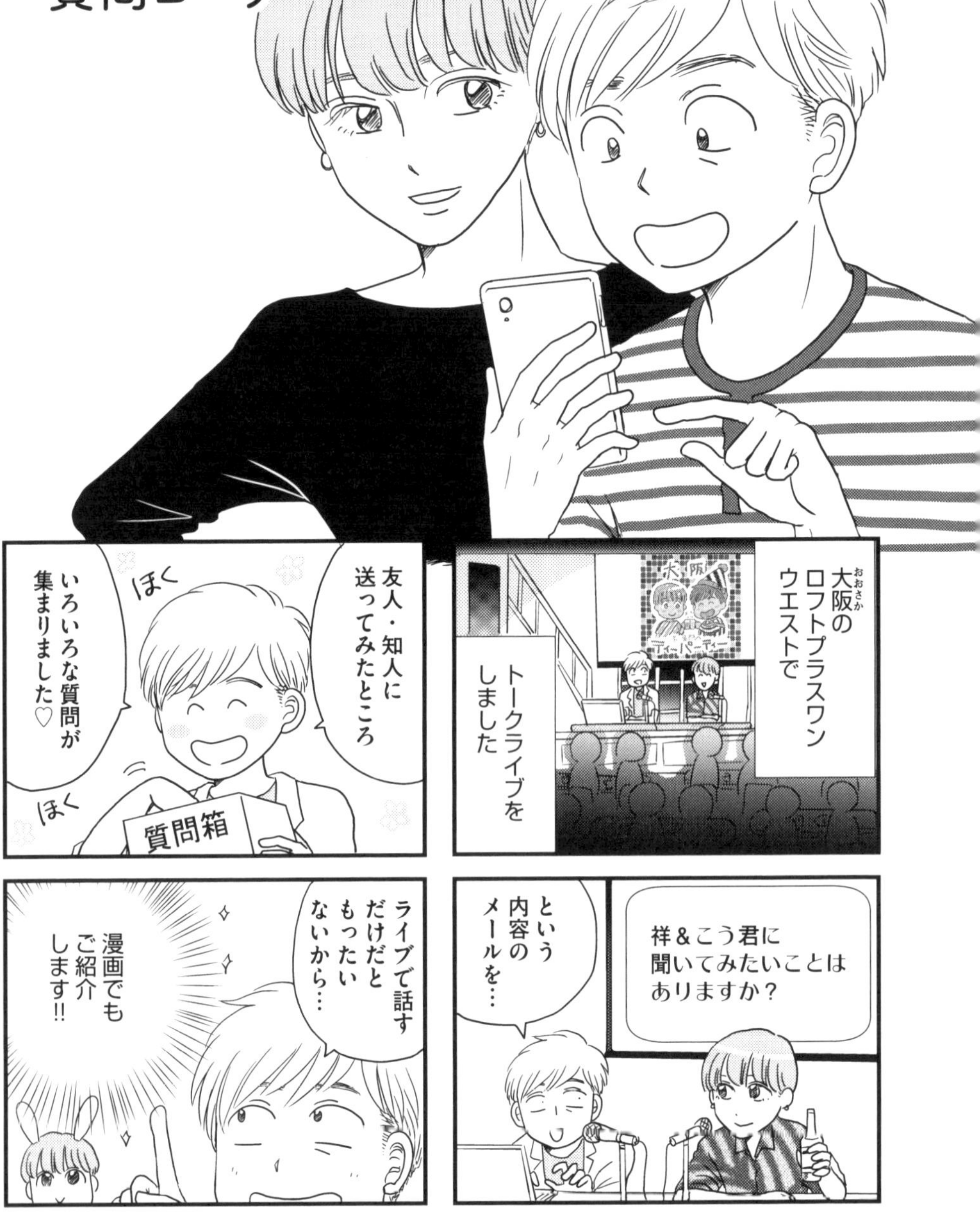
大阪《おおさか》のロフトプラスワンウエストで
トークライブをしました
友人・知人に送ってみたところ
いろいろな質問が集まりました♡
ほく
ほく
質問箱
祥＆こう君に聞いてみたいことはありますか？
という内容のメールを…
ライブで話すだけだともったいないから…
漫画でもご紹介します!!

性欲について①

〈桜木さゆみ先生〉
質問考えてみましたー!!
私は40代以上のかたの性欲について描くことが多いんですが
OVER 40
悩み相談型の読者投稿も多いもんね
ズバリ
新井さんの性欲はどうですか!?
ちなみに私は43歳ですがバリバリです
元気〜!!

性欲について②

40代からは二極化するようですね
YARI TAI
MOU II
43
性欲って
43歳の頃は
たしかにわりとあった気がする
でも45歳を超えたらじょじょに下降して
思えばその頃がラストパートで
しんみり…
老いの一《いっ》途《と》を…
ヨボボーン
まっまだまだわかりませんよ!?

老後について①

〈流水りんこ先生〉
どんな老後をすごしたいですか？
私と夫《サッシー》も老年の域に入ったんですが…
マンガでおなじみサッシー氏
インド夫婦茶碗
流水りんこ
祥先生とこう君は将来どんな老人になるのかな と…
こう君はその前に中年になるけど京本政樹《きょうもとまさき》みたいになる気が…
少年期
青年期
京本マサ期
老年期

老後について②

できれば絵で表してください♡
よし お互い描いてみよう
新井祥の老後（作画・こうくん）
うさきこうの老後（作画・祥）
ボケ予防にとゲームをする年金生活
外見…
若い…？
マサ期（右の図）後最新技術で若さをとりもどすんじゃないかなーと…
近未来なことだし

玉はいかに①

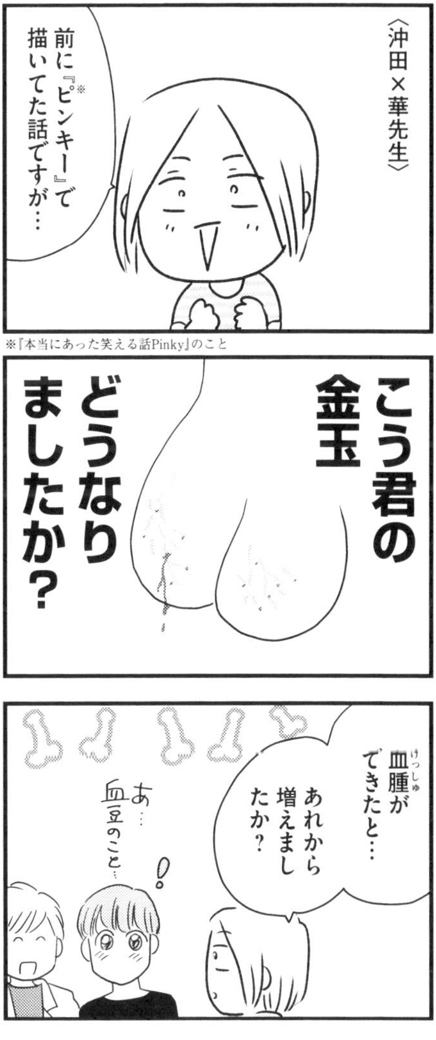
〈沖田×華先生〉
前に『ピンキー』※で描いてた話ですが…
こう君の金玉どうなりましたか？
血腫《けっしゅ》ができたと…あれから増えましたか？
あ…血豆のこと…
!
それとも新井先生が針で血抜きを…
プチッ
いやいやいやいやいや!! 怖くてできないっす!!

※『本当にあった笑える話Pinky』のこと

玉はいかに②

いきなりの下ネタですみません
いえ…
やっぱ気になりますよね
タマ〜に血がついてるよね バスタオルに…
LAUNDRY
オヤジギャグ？
でも体に害はなさそうなんで…
とりあえず大丈夫です
よかったー
玉を~~見る~~確認する~~チャンス~~必要はもうない…か
×《バツ》が多すぎて読みにくいですよ…

名物コンビからの質問①

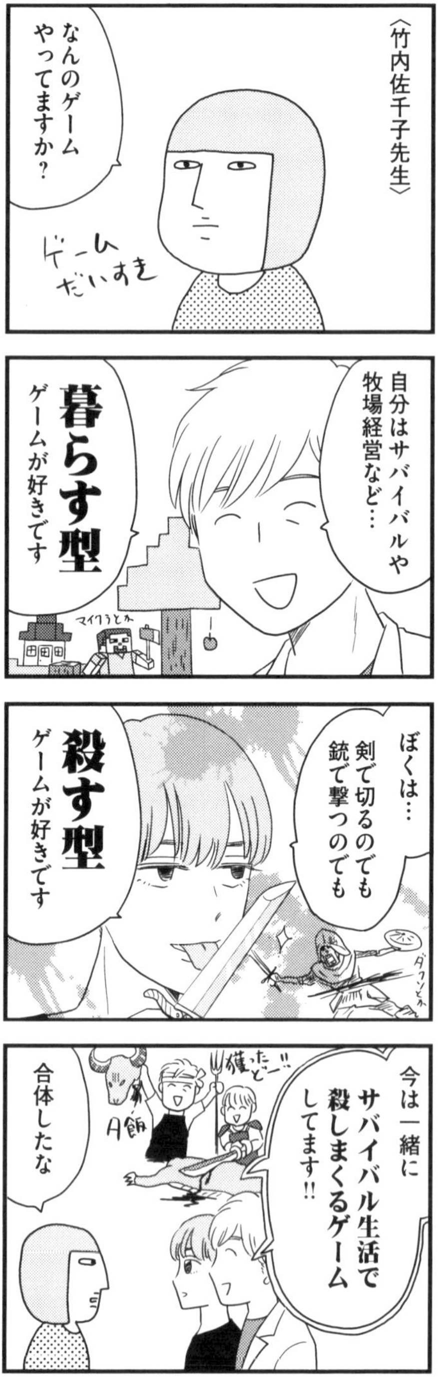
〈竹内佐千子先生〉
なんのゲームやってますか?
ゲーム だいすき
自分はサバイバルや牧場経営など…
暮らす型ゲームが好きです
マイクラとか
ぼくは…剣で切るのでも銃で撃つのでも
殺す型ゲームが好きです
ダウンとか
今は一緒にサバイバル生活で殺しまくるゲームしてます!!
獲ったどー!!
合体したな

名物コンビからの質問②

〈自分と竹内先生共通の担当・M田(アヤヤ)〉
歴代担当編集との忘れられない思い出はなんですか?
今回は竹内先生のほうの似顔絵でかきます
東日本大震災《ひがしにほんだいしんさい》の日…
大丈夫ですか!? 編集部…
メチャクチャ揺れました
ガラ――ン…
みんな歩いて帰宅してしまい私ひとりだけ帰れず…
↑めっちゃ家遠い
少しでも不安を和らげようと深夜の長電話…
普段の日だとそんなのできないから新鮮な思い出になりました

ゴカイさせてごめんなさい！

〈内田春菊先生〉
男にも女にもマウントされやすい性質なんですが…
いつのまにかスネ毛がなくなりつつあるのですが——
〈映画『性別が、ない！』の渡辺正悟《わたなべしょうご》監督〉
これはもしかして…
どうしたらいいでしょうか？
おふたりに〝お悩み相談〟だと思われているのでは…
新井さんいつも悩み相談話描いてらっしゃるから…
悩み系じゃなかったんですか
自分らに対しての質問のつもりだったんで…
スミマセン
「質問ありますか」じゃそうもとらえられますよね
考えてみれば
春菊先生は漫画だと強面《こわもて》の印象ですが——
実際会うと菩薩様《ぼさつさま》のようなかたなので…
「許してくれるだろう」と思って威張るヤツが出るのかと
しかし心の中にはコワモテが潜んでいるという…
あ
監督のは老化によるホルモン減少です
うすうすわかっていました…

12.
「質問箱」をつくってみた

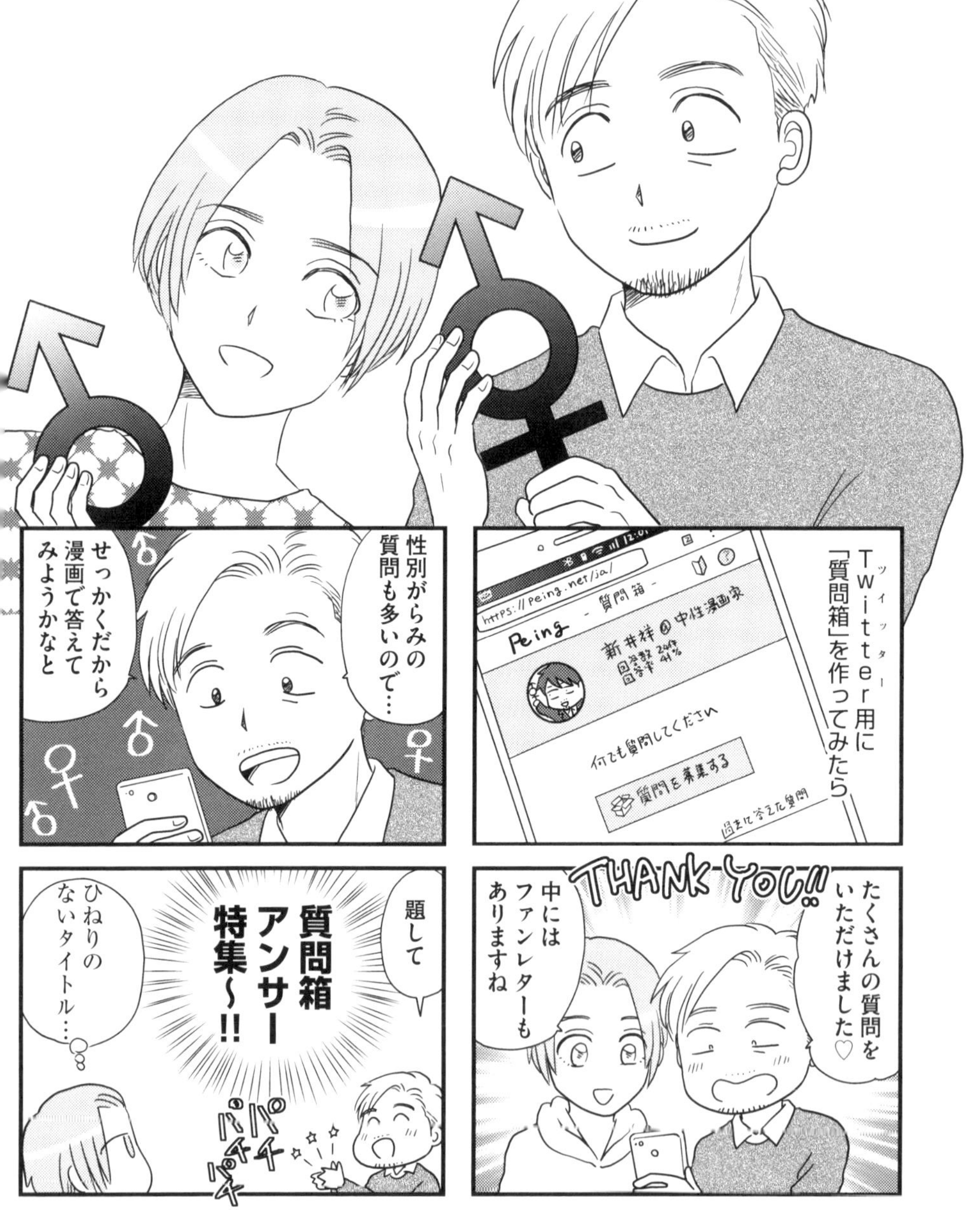
Twitter《ツイッター》用に「質問箱」を作ってみたら
https://peing.net/ja/
Peing - 質問箱 -
新井祥＠中性漫画家
何でも質問してください
質問を募集する
過去に答えた質問
性別がらみの質問も多いので…
せっかくだから漫画で答えてみようかなと
たくさんの質問をいただけました♡
THANK YOU!!
中にはファンレターもありますね
題して
質問箱アンサー特集～!!
パチパチパチパチ
ひねりのないタイトル…

質問箱そのいち①

男女の制服や履歴書の性別欄についてどう思いますか？
俺は…
制服じたいイラナイ派だな～
ただよく
制服がないと洋服代がかかるから…
というのも理解できるので
親
子
ホームウェア
全員これでいいのでは…？
ぼくはちょっと…

質問箱そのいち②

洗濯楽《らく》!!
無性別!!
安価!!
リラックス!!
成長期でも気楽に買い替えできるし
そろそろLサイズに替える？
うん
サイズ選びや着こなしで
個性を出す感じで
あ ちなみに履歴書は性別欄じゃなく性自認欄がいい
性自認
該当する項目に○をつけて下さい
男 女
他 未定
「他《ほか》」と「未定」がそれぞれあるのか

質問箱そのに①

縮胸に踏み切ったキッカケはありますか？
しゅくきょう…
胸を平らにする手術…
「乳腺を摘出して乳房《ちぶさ》を縮小する手術」ってことです
このへんとる
もう15年はたつなあ
乳房があった感覚を忘れてしまった…
ただうっすらと覚えてるのは…
ヒゲも乳もアリって俺ヤダな…
と思った記憶

質問箱そのに②

ヒゲ×胸の組み合わせが絶対ダメなわけではなく…
人による!!
自分はそのほうが楽です♬
同僚の青山先生→
でも俺はさぁ
なんかあわねーんだわ
そんな折病院で
垂れきる前に手術したほうがいいかと…
ガーン
っていわれたもんだから
手術の予約キメてきた
えっ!?
当時の夫IKKAN↓
決断早《はや》っ

質問箱そのさん①

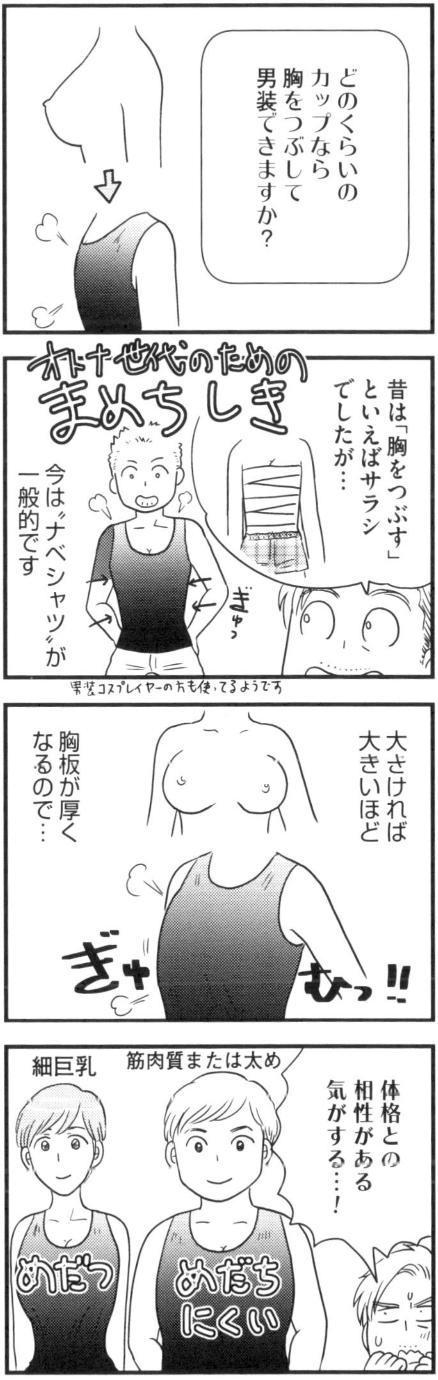
どのくらいのカップなら胸をつぶして男装できますか?
オトナ世代のためのまめちしき
昔は「胸をつぶす」といえばサラシでしたが…
今は〝ナベシャツ〟が一般的です
ぎゅっ
男装コスプレイヤーの方も使ってるようです
大きければ大きいほど
胸板が厚くなるので…
ぎゃ むっ!!
細巨乳
筋肉質または太め
体格との相性がある気がする…!
めだつ
めだちにくい

質問箱そのさん②

…だから「カップの大きさ」というより…
周辺の部分との比率を考えたほうがいい気がする
首は?!
肩は?!
ウエストは?!
二の腕は?!
夏場の腕は要注意!!
胸板のわりに細い女だな
つるつるしてるし…
自分が手術ナシでもパスしやすいのは腕が太いから…!?
それはあるかも!

質問箱そのよん①

出会いがない！
どうしたら
いいですか？
うーむ
今はSNSが
あるから
ある程度観察
した上で親しく
なれるので…
“趣味のあう
お友達”から
スタート
しやすく
見えるけどなあ!?
昨日ツイート
してた本
私もってる…
マジ?!
見せて～
生身じゃなくて
DMやネトゲ上の
会話とかでも…
“わかりすぎちゃって
恋に発展しない
友達”
…ばかりになる
可能性も
あるかも…？
なるほど!!

質問箱そのよん②

もし先生が
現代の若者なら
どんな手段を
使いますか？
21世紀うまれ
でーす
うーん…
あえて昭和な方法
を試してみる…
ナンパ
ヘイ彼女
きゃわE《イー》ね
～♡
今はキャッチかと
思われる時代…
迷惑防止
条例
違反！
世の中世知辛《せちがら》い
のじゃ～

質問箱そのご①

同窓会にいったことはありますか？
ある
15年くらい前女子高時代の学友と会った時
わーヒゲ生やしてる
うん
30代前半
男になったって聞いたから心配してたけど…
私 漫画読んでる
よかった〜生意気な男になってなくて…!!
すごい感想
ホッ

質問箱そのご②

だってさ〜
女なんてチョロいぜ
…みたいな生意気男ってイヤじゃん
男はかわいいほうがいい!!
折しも当時は絶大なワルメン&俺様男が女性に大ブームの頃
俺んとこ来ないか?
同級生が時代と逆流した価値観なことに驚き…
なんか安心した〜!!
それはこっちのセリフだよ〜
てかおまえヒゲ以外大して変わってねーし

13.
トランスするのに疲れた時は…

清酒
美少年

車の中で音楽をかけると
こう君…それさあ
こう君が俺の脚をたたいてリズムをとってくる
トン
トン
トン
外から見るとシコってると思われるから…
やめたほうが…

疲れました①

トランスするのに疲れました…
〈Nさん・28歳〉
あFTMです
♀→♂
?
幼少期から現在まで——
ず——————っと
男に見えるよう努力してきましたが…
女として生きたい
はあ…
そういうケースもある時代なんですね

疲れました②

体はどうなってるの?
ホルモンとか手術とか…
何もしてません
男の服を着て…
職場でも事情を話して男っぽい名前で登録させてもらい
理解ある上司
給与袋
N山アキラ
ジェンダークリニックにも通ってるんですが
性同一性障がいで…
そーいう諸々《もろもろ》に疲れたワケね

疲れのワケ①

でも…ここで周りに
女として暮らしたい
とでもいったら
ああ…これまでのが"思い込んでただけ"だったのか
って思われそうで
違うんです真剣なんです
10代の頃も20代の今も
ただ…外見作りに疲れちゃったんです
おお…見事なほどの女性的記号…!!
ぷりん♡

疲れのワケ②

10代のうちは服や髪形で性別不詳にできてた人でも
同世代男子
性ホルモンが豊潤になるにつれ――
同世代男子
差が…
まさにそれです!そしたら急に
なんでこんなに必死になってんだろう…?
ハッ
って思うように…
そーなっちゃったらもう無理ですね
わかる〜

俺の場合は①

先生も「これから男として生きていこう!」と思った時…
同じような感じでしたか?
俺の場合は…
バリッバリッ
ハッ
脱毛
なんでこんなに必死になってんだろう…?
Nさんとは性別逆バージョンだけどね

俺の場合は②

周りから「もう女の格好やめたほうがいいよ」といわれるまで
ねばった
女の服を着たら美女にヘンシン!
BOM
というのになりたかったけど
毛根の発達が許してくれなかった
ヒゲのそりあと青くなってるぞ…
もう夕方か…
(今思うと最後のほうヒドかったと思う…)
男か…
サッ
チカンまで…

引かれること①

だからね
本当は
今だって
美魔女の格好
してみたい
周りが引かないで
くれるのならね…!!
あ ぼく
ドン引き
します
引かれる
のはイヤ
なんですか…
てか女装したら
美魔女になる
って思ってるあたり
ずうずうしいような
コクン

引かれること②

でもなんか
わかります
私も
引かれるの
イヤなんで…
不自然すぎて対応に
困る男装はしたくない…
今でこうなら
年とったら
いったい…
男は「飲む・打つ・買う」だよな!!
がはははは
似合う格好を
していたい…!
うむ
うむ
かといって
ゆるふわも
お色気系も
したくない…
ともすると
そっちのほうが
似合ってしまう
Nさん

周りの目①

どうしても周囲の目が気になってしまうんです
うんわかる…わかるよ!
セクマイがそういう悩みをもつとすぐ…
周りの目なんて気にすることないよ!
っていってくる人いるけど…
いますよね…
気にするだろ社会で生きてたら
…自分は気にならないよ君のこと
…って言う人がいいとおもう

周りの目②

とはいえ他人の目を気にしすぎると逆にヘンな状況を引きおこしやすいから
ヒソヒソ
ヒソヒソ
あの人男の子やめたの?
うう…たしかに急にスカートとか考えられない…
プルプル
そんな時こそ
まん中ゾーンへ!!
「男っぽく見せる」のではなく「中性っぽく見せる」ってしてはどうかな♡
まあ30歳こえたら男っぽく見せやすくなるけど
体以外は
何それ!?
どういうこと!?

変化のおとずれ

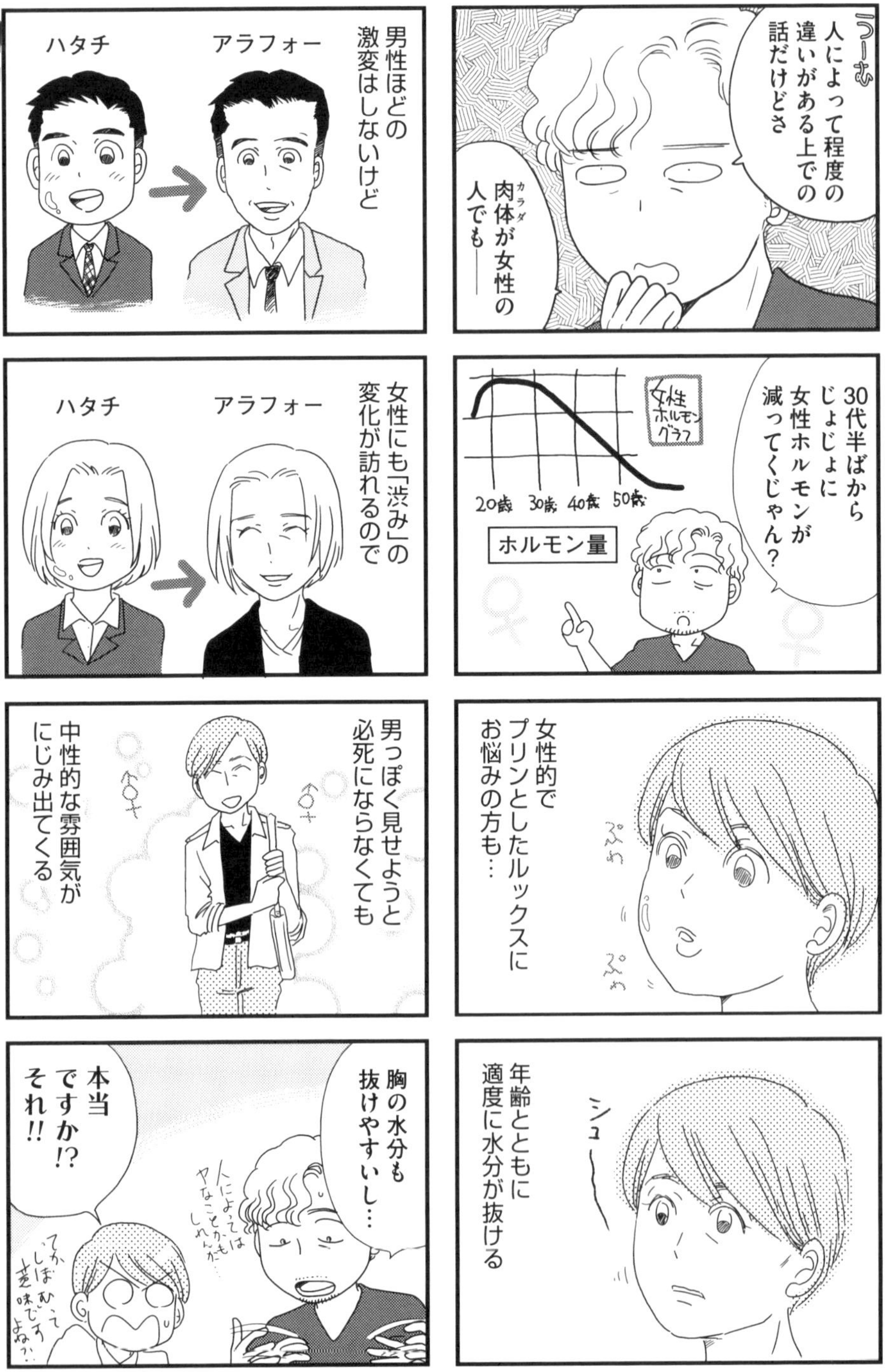

うーむ
人によって程度の違いがある上での話だけどさ
肉体《カラダ》が女性の人でも——
30代半ばからじょじょに女性ホルモンが減ってくじゃん？
女性ホルモングラフ
20歳 30歳 40歳 50歳
ホルモン量
女性的でプリンとしたルックスにお悩みの方も…
ぷわ ぷわ
年齢とともに適度に水分が抜ける
シュー
ハタチ
アラフォー
男性ほどの激変はしないけど
ハタチ
アラフォー
女性にも「渋み」の変化が訪れるので
男っぽく見せようと必死にならなくても
中性的な雰囲気がにじみ出てくる
胸の水分も抜けやすいし…
人によってはヤなことかもしれんが…
本当ですか!?それ!!
てか しぼむ、って意味ですよねっ…

調整が肝心①

暴飲暴食 しても水分 抜けますか!?
あげせん
POTATO
うん 年とともに 皮フの 水分は抜ける
人によって速度の差はあるけど
ただ
脂肪分は 増えると思う…
ポッコリ〜〜ン
水分と脂肪はべつ
肝に…
肝に銘じなきゃ…!!
うわーー
POTATO

調整が肝心②

もしNさんが かまわない なら——
気をつけよう…!!
このさいいっそ
中間くらいで生きます
って 宣言しちゃってさ…
Nさんって …どっち だっけ
女…だと思うけど シブいよね〜!!
と若い」たちに 思われるような アラフォーを 目指すってのは!?
まんま"女"!! ってのじゃ ないなら べつにアリ かも…?

Nさん①

20歳《ハタチ》そこそこの頃は女扱いされるとつらかったんですが…
女子どうし仲良くしよ!っ
ムッ…
大人になるにつれ
ホルモンや手術《オペ》をした同世代の※FtMはドンドン男くさくなっていき
JK時代
JK時代

※生まれつきの体は女性だが、性自認が男性の人

その〝差〟に疲れてしまっていたのかもしれません
あそこまではやれない…
でも女っぽくするのはイヤだったから…
中性でいるってのがちょうどいいのかもしれません…!
よかった♡
ありがとうございます!!

Nさん②

そういえば…
じゃーね〜
Nさんの恋愛対象って…
どうなんでしょう?
あ 聞くの忘れた
恋人がもし中性的なのよりFtMのほうがいいって人なら…
う〜ん
そしたら〝ホルモンや手術をするかどうか〟も視野に入った悩みになるんじゃ…
あぁ…それはいっさい悩んでなかったですね
Nさん後日談あったらおしえてくださいね♡

14.
少女になるのは無理ですか?

ある日のこう君
女は女同士助けあわなきゃねぇ〜
おじさんねたふり
サッ
まあ〜ありがとう
イザという時助けてくれるのは女だわ〜
いいにくくなっちゃった…!!
コクコク
声を出せない

パス度①

パス度※1高いのウラヤマです!!
〈Dさん・29歳・MtF※2〉
いやパス度を上げたいわけでは…
なぜかそうなっちゃったけど…
30代なのにすごいです!!
グサ
30代
私なんてまだ20代なのにノンホル※3だからか…
男服でいたら〝おじさん〟と呼ばれることすら…
おじさん!?
30代

※1：周囲の性別認識度　※2：生まれつきの体は男性だが、性自認が女性の人

※3：ホルモン治療を受けていない状態のこと

パス度②

そう…私は
なりかけてます
おじさんに…
おうっ!?
かつら
29歳なのになんで?と思ってたら…
そうきたか
皮フは30代の人より若いからヅラかぶるとピチピチですけど～
イラッ

少女に…？①

で
どうしたいんだっけ…？
薄毛とめたいって話だっけ…？
まあそれもありますが
少女っぽさって
どうやったら得られるんですか…？
なれるもんならオバサンじゃなくて少女になりたいんです
これはなかなかのずうずうしい相談で

少女に…？②

率直な意見をいわせてもらうと
大人になった女性たちも
なれるもんなら（美）少女になりたい
と願ってるけど
そうはいかないわけで…
じゃあ元男の私は…
そう
簡単になれるのならば※純女《じゅんめ》がとっくになっているのである
少女
おんな

※生まれながらの女性のこと

かわいい少女①

じゃあ…
じゃあ私
パス度上げるの
もう無理なの…
乃木坂系
かわいい
少女として
暮らす夢は…
かなわず
じまい…
STOP
ちょっと
待ったあ!!
選択肢
狭くないか!?
これ!!
えっ そう
ですかー?
?

かわいい少女②

おっきいこ
ちっさいこ
こーいうコも
こーいうコも
こーいうコも!!
ぼくは君の名の恋を
明日膵臓とする
全部かわいい
少女だがや!!
先生!!
興奮して
名古屋《なごや》弁に
なってる!!
名古屋うまれ
でもないのに!!
自分のことを
女子だと思う
ことはしてても
自分の女人生
バージョン
…は想像できて
ないんじゃ
ないか!?
女人生!?

女人生ver.①

「女人生ver.《バージョン》」とは!!
もし女として生まれて人生を送ってきたら
どんな人生を歩んできたのか
そしてそれはどんなふうに外見に影響を与えてきて…
現在どんな姿になっているのか
具体的に想像することである!!

女人生ver.②

そ…
それ…
考えてみたことなかった…!!
想像力の極地!!
いまじねーしょん
思春期あたりでたいていなんらかのコンプレックスにむきあうから…
それをふまえた上での現仕《アラリー》の姿がある…!!
…自分 女性が好きなんですけど…
男と結婚するかなぁ…?

女人生ver.③

女性として生まれたら…
筋肉質で男顔な家系だから――
父
母
自分
妹
男顔女子になってると思う
じっさい妹もそうだし…
で女性の中では筋肉多いほうだろうから運動部入ってて…
運動すき
ハッ…
なろうとしていた少女図とかなり違う!!
ガー!
はりきっていこー!

女人生ver.④

そうか…私
〝ならない予定の女のコ像〟に
なろうとしてたのかも…
走るのとか苦手～
違うタイプだからこそ憧れるのはよくあることだよ
先生…
でも…具体的にどうすれば
これの未来図になれるんでしょうか
男装女子になるとか…
元男なのに!?
?!

男の子〝みたいな〟①

日常から女の子っぽく思われるには…
こう君がよくいわれる言葉が参考になるかと
アラッ!? ボーイッシュな女の子かと思ったら…
ちがうの?!
これ!!
〝ボーイッシュ〟な女の子…!?
ノンホルMtFが男装したら
ただの男に戻っちゃうのでは…!?

男の子〝みたいな〟②

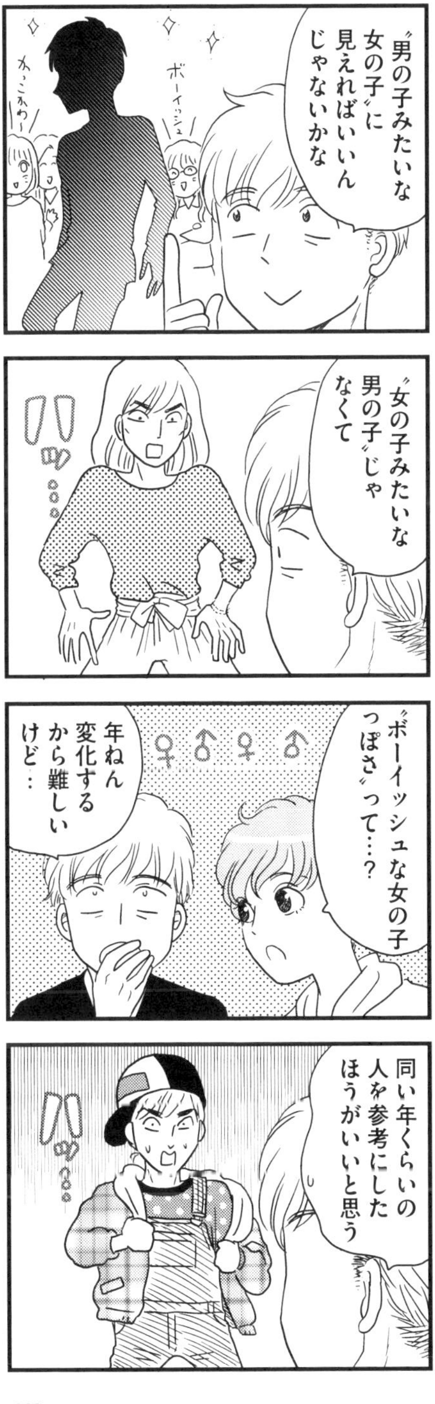
〝男の子みたいな女の子〟に見えればいいんじゃないかな
ボーイッシュ
〝女の子みたいな男の子〟じゃなくて
〝ボーイッシュな女の子っぽさ〟って…?
年ねん変化するから難しいけど…
同い年くらいの人を参考にしたほうがいいと思う

ボーイッシュあれこれ①

①
けっこう前は ロックっぽい感じに してるコが多くて
②
少し前は文化系 オシャレ男子みたいに してるコが多かった
③
今は…韓流《はんりゅう》男子っ ぽくしてるコが 増えてきたね
ずーっと昔から あるのは体育会系と チンピラ系だけど…
これはノンホルMtFがやると ただの男に見えるから注意！

ボーイッシュあれこれ②

2018年現在では…
29歳なら… ②のタイプが わりと多い世代 じゃないかなあ
たし かに…
こんな感じ でしょうか…
うーん
体のラインは ぼかすほうが いいね
BOM
ゆる〜
もちろんメークと 胸はアリで…
やさしげメーク＆アイプチもしてみました
のどや腕を隠すと 男っぽさ 減りますね！

パス度上げてこ！ ①

あと…目つきがりりしすぎるのも…
キリッ
黒目が大きく見えるカラコンで柔和にできるし
えっ
色はまっ黒よりも自然な茶色の方がより柔和…
カ…カラコンつけてる人って…
じゅわっと色づく
ちゅるんと輝く瞳
1DAY or 2week
ヘーゼル
グレー
ブラウン
ブラック
モテかわハーフ顔
外国人に間違われたいだけかと思ってました…!!
それもいるだろうけど…
感性が昭和《しょうわ》だなヤミ

パス度上げてこ！ ②

女装をすると女子はほめてくれるけど何かが違うので…
わー女の子の服かわいーー
→服ほめ
←応援
大丈夫！似合ってるよかわいいよ
パス度を上げて――
エッ女子じゃないの!?
ウソだー
男だってことを信じてもらえないくらい…
驚かれたい…!!
私がんばる!!
フェイク
フェイク
フェイク
あちこちフェイクだけど!!
あ…そうか薄毛なんだっけ…!!

15.
ヒゲを生やしたい！伸ばしたい！

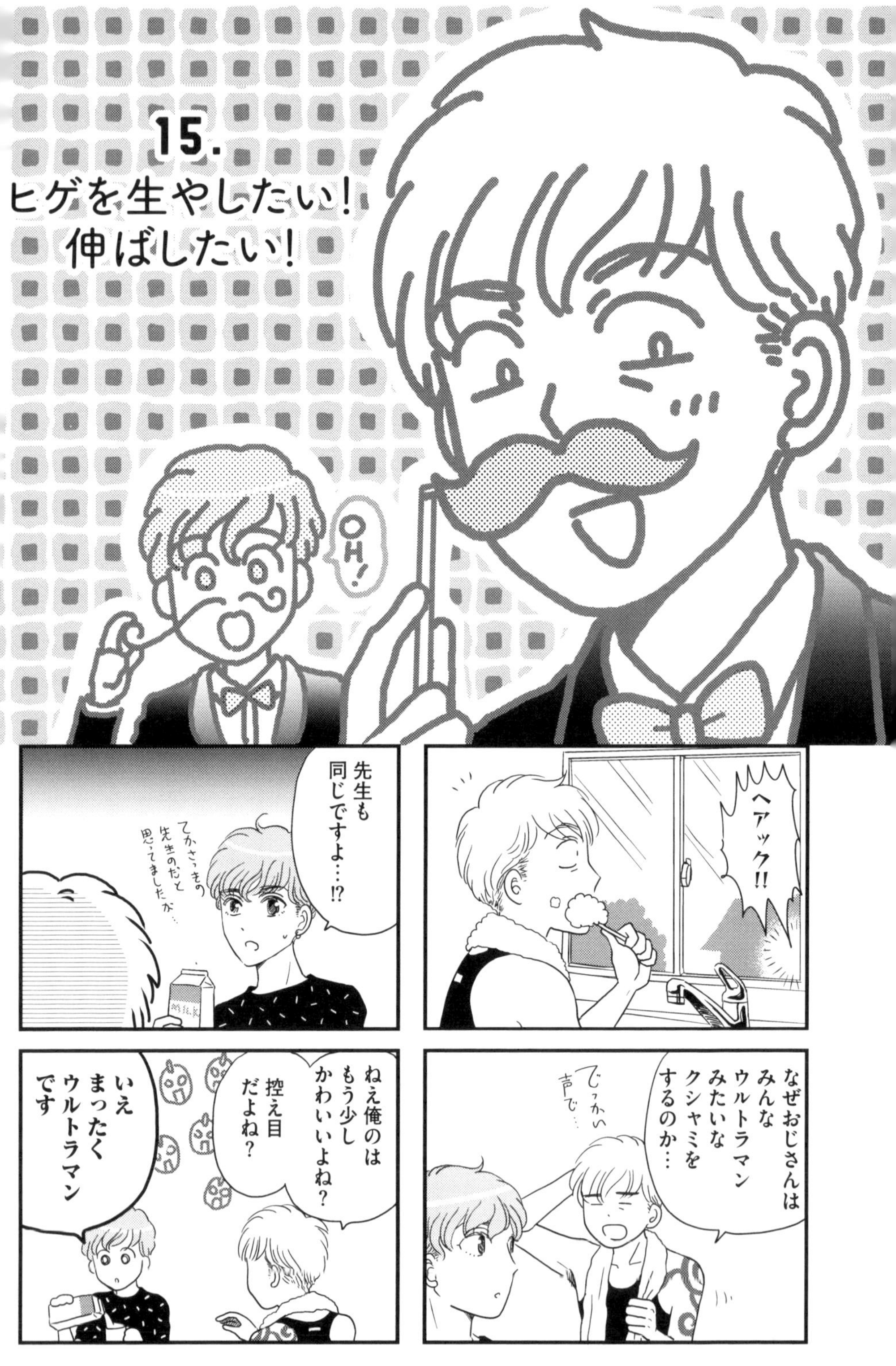
OH!
ヘアック!!
先生も同じですよ…!?
てかさっきの先生のだと思ってましたが…
なぜおじさんはみんなウルトラマンみたいなクシャミをするのか…
でっかい声で…
ねえ俺のはもう少しかわいいよね？
控え目だよね？
いえまったくウルトラマンです

生やしたい①

ヒゲの伸ばし方教えてください…！
〈Tさん・36歳〉
“生やし方”じゃなくて“伸ばし方”…？
はい！
ヒゲを伸ばしてみたいんですが
無精《ぶしょう》ヒゲが許されない職場なので――
ぶしょうヒゲは だらしない印象
途中期間はどうすごせばいいですか？
無精はダメでもっさり生えたのはOKなのか…
途中

生やしたい②

スーツにあう形じゃないとダメですが…
ととのえ～…
もっさり
OK
NG
せっかく男になったんだから生やしたいんです
ってことは
はい
FtMです
就職活動の頃男になったのでヒゲNGだったんです
就職は“男”でしたわけかー
そういう時代なんだなー

FtMとヒゲ①

職場での立場も確立でき…
主任!!
資料用意できました!!
落ちついた物腰になったので
そろそろ生やしても許されるかなーと…
あ～ FtMの人だと20代のうちはヒゲ難しいよね～
?
なんで?
実年齢より5～6歳若く見える人が多いから
イキッてる学生かと思われやすい

FtMとヒゲ②

たしかに自分も
私服だととくに…
30歳くらいまでは学生と間違われやすかったけど…
若いFtMと※純男《すみお》との違いってなんなんでしょう!?
♂
ん～…
皮フ感とか?
なんというかこう全身を包む
少年のような肉質・水分…
じゃあ36歳の今は30歳くらいの男の皮フ感ってこと!?
がっつり大人肌ですな
アラサ～…

※生まれながらの男性の人

若ヒゲ男子①

元から男子の
人でもいますね
若いうちはヒゲが
似合わないコ…
青年期
中年期
しっくり
肌が瑞々《みずみず》しいと…
つけヒゲっぽく
なりがちなので
とくに色白だと
なおさら――
日焼けすると
突如似合ったり
することあるけどね
ぼくもウソくさくなります…

若ヒゲ男子②

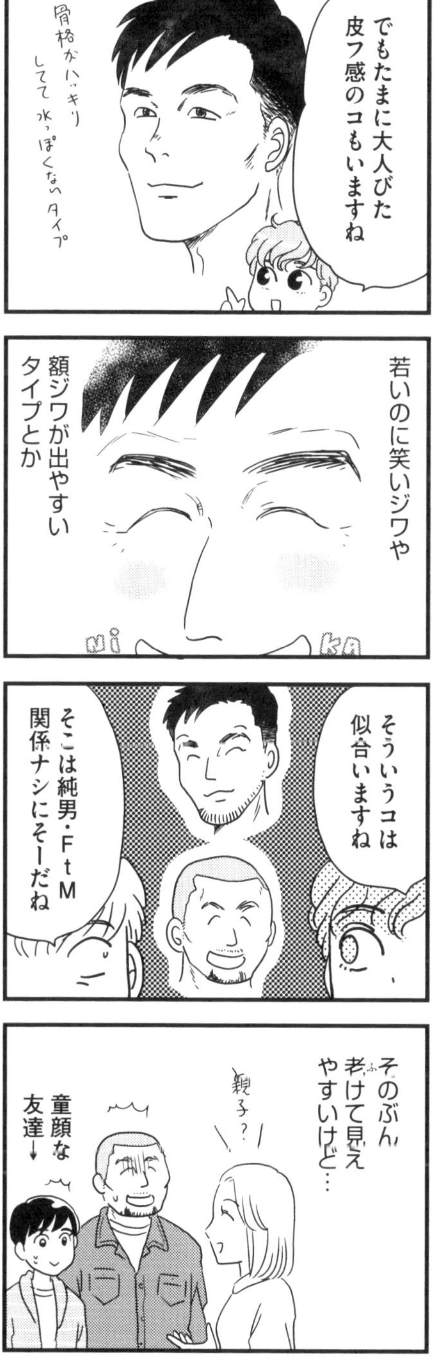
でもたまに大人びた
皮フ感のコもいますね
骨格がハッキリしてて水っぽくないタイプ
若いのに笑いジワや
額ジワが出やすい
タイプとか
そういうコは
似合いますね
そこは純男・FtM
関係ナシにそーだね
そのぶん
老《ふ》けて見え
やすいけど…
親子？
童顔な
友達↓

伸ばし方①

さてヒゲの伸ばし方だけど…
♬
ヒゲの生え方って人によって違うから——
上品
びっしり
カールおじさん
まばら
多く生えやすい部分から地道に伸ばすのがいいと思う
えっ…
最終的にはこんなふうになれますかね⁉
ダンディ
それは毛穴次第…

伸ばし方②

ヒゲの毛穴見せてみて？
けあなしだい……??
口角上にほんの少し
くちびる下に少しあごは中心部に多め…
君の場合…シッカリ生やすとこうなるよね
エーーーッ
これじゃないの⁉
これです

生やし方①

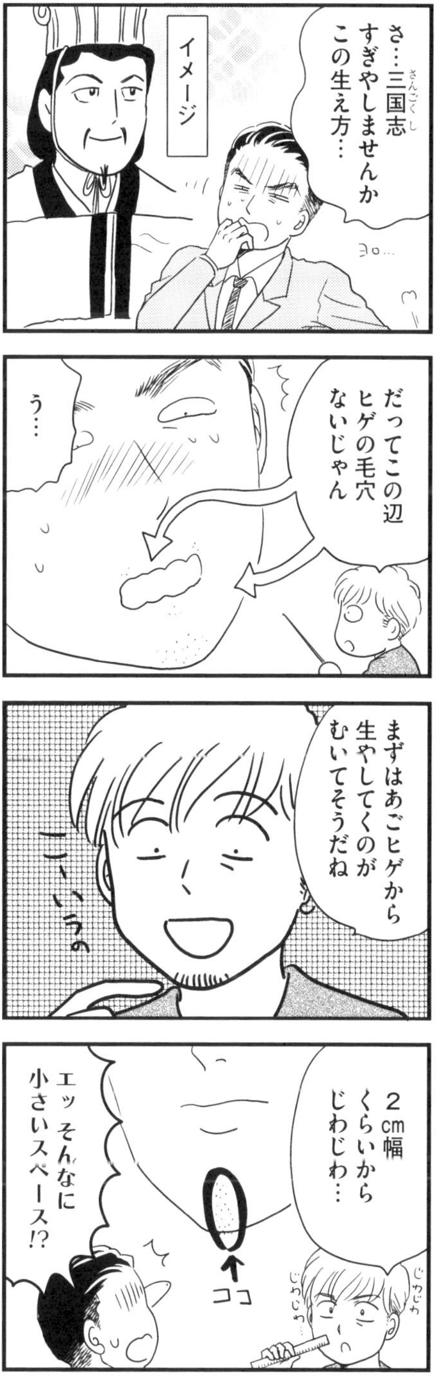
さ…三国志《さんごくし》すぎやしませんかこの生え方…
イメージ
ヨロ…
だってこの辺ヒゲの毛穴ないじゃん
う…
まずはあごヒゲから生やしてくのがむいてそうだね
こーいうの
2cm幅くらいからじわじわ…
エッそんなに小さいスペース!?
ココ
じわじわ
じわじわ…

生やし方②

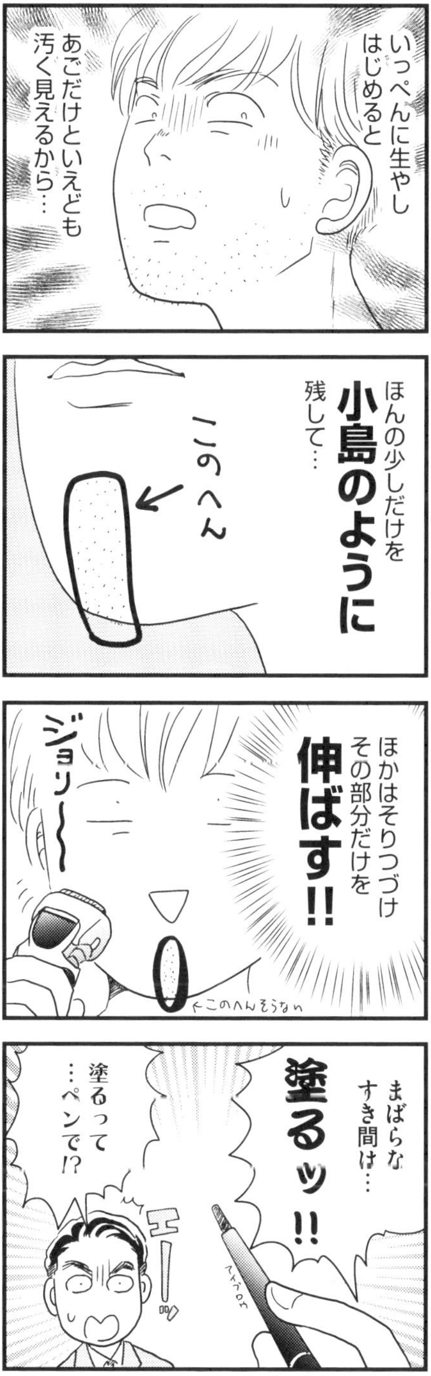
いっぺんに生やしはじめると
あごだけといえども汚く見えるから…
ほんの少しだけを小島のように残して…
このへん
ほかはそりつづけその部分だけを伸ばす!!
ジョリ〜〜
←このへんそらない
まばらなすき間は…
塗るッ!!
塗るって…ペンで!?
エ!

アイブロウ①

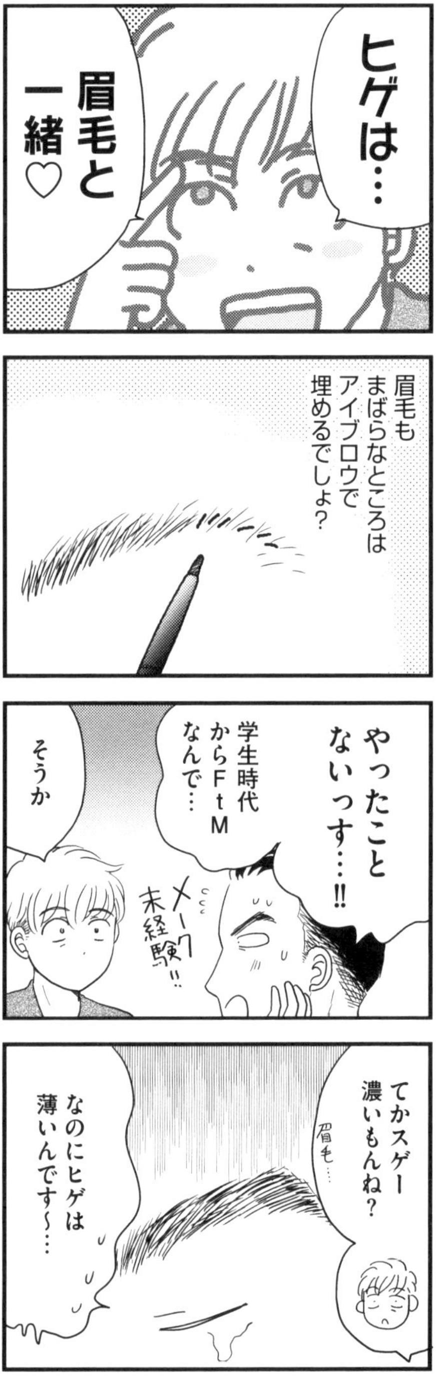
ヒゲは…
眉毛と一緒♡
眉毛もまばらなところはアイブロウで埋めるでしょ？
やったことないっす…!!
学生時代からＦｔＭなんで…
そうか
メーク未経験!!
てかスゲー濃いもんね？
眉毛…
なのにヒゲは薄いんです～…

アイブロウ②

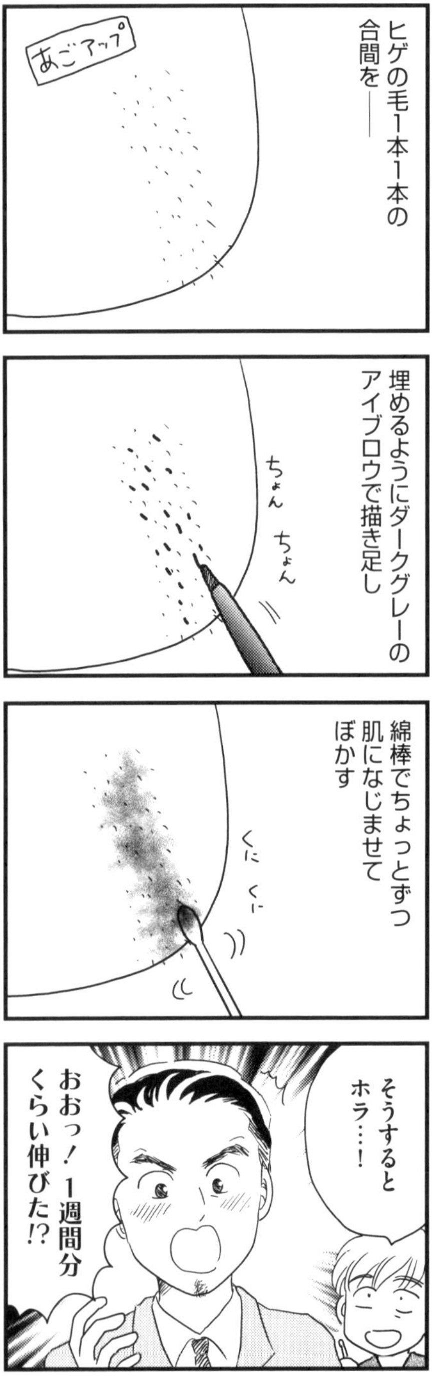
あごアップ
ヒゲの毛1本1本の合間を——
埋めるようにダークグレーのアイブロウで描き足し
ちょん ちょん
綿棒でちょっとずつ肌になじませてぼかす
くに くに
そうするとホラ…！
おおっ！1週間分くらい伸びた!?

濃さ ①

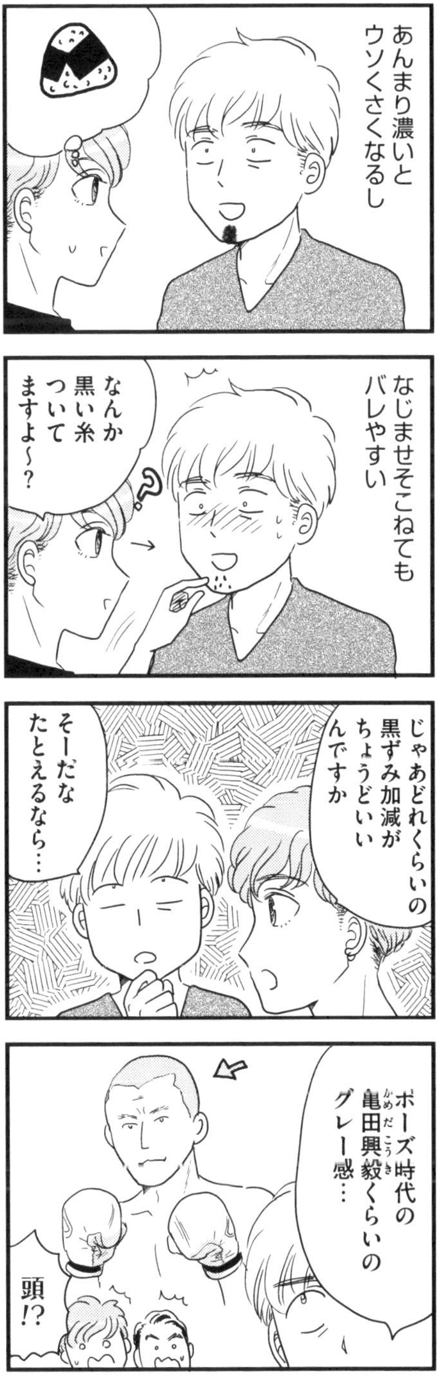
あんまり濃いとウソくさくなるし
なじませそこねてもバレやすい
なんか黒い糸ついてますよ〜？
じゃあどれくらいの黒ずみ加減がちょうどいいんですか
そーだなたとえるなら…
ボーズ時代の亀田興毅《かめだこうき》くらいのグレー感…
頭!?

濃さ ②

ボーズ時代のATSUSHI《あつし》でもいい…
なんとなくわかってきました
うんうん
かなり短いスポーツがりに見えるよう
研究すればいいってことですね!!
3mm
長さが出てくると毛がすき間を埋める役割をしてくれるから
そのままでも大丈夫になるけど…
毛が細い人や毛穴が少ない人はさらにボカすと男くさい濃さに!
ヌリヌリ

びっしりと①

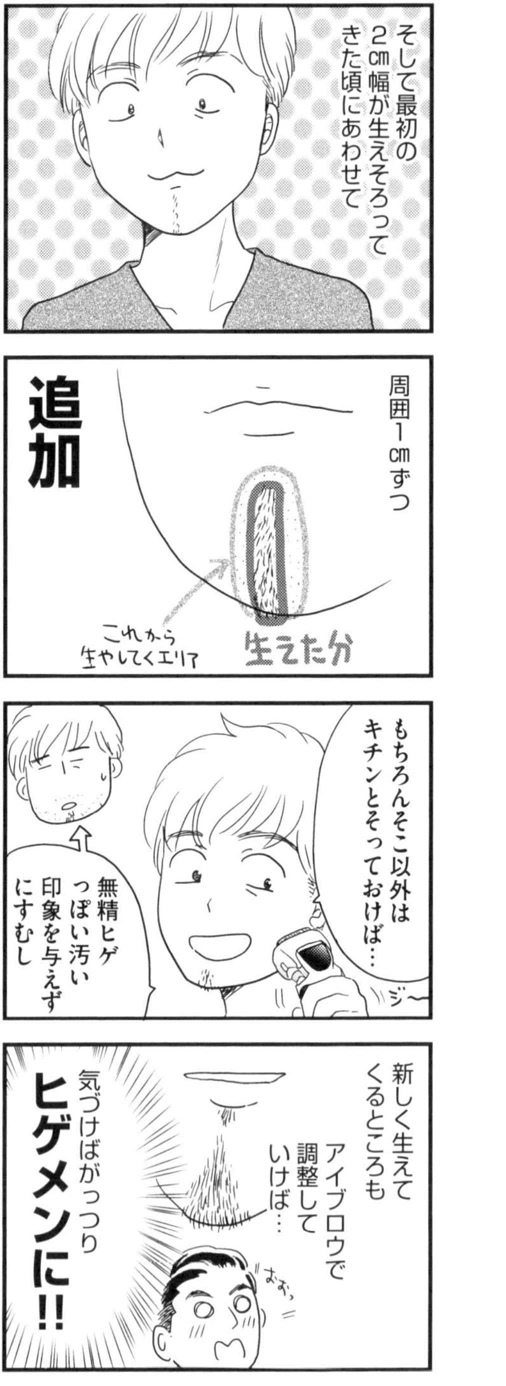

そして最初の2㎝幅が生えそろってきた頃にあわせて
周囲1㎝ずつ
追加
これから生やしてくエリア
生えた分
もちろんそこ以外はキチンとそっておけば…
ジ〜
無精ヒゲっぽい汚い印象を与えずにすむし
新しく生えてくるところも
アイブロウで調整していけば…
気づけばがっつり
ヒゲメンに!!
おおっ

びっしりと②

鼻の下はあまり毛穴がなくて…
アイブロウも無理…
そこはあきらめだね〜
眉毛増毛の薬《クリーム》を塗る人もいるけど…
ヌリヌリ
効果のほどは保障できない
体質による
いっそつけヒゲってのは!?
ペタ
職場には無理かもしれないけど…
プ●ピアとかの増毛メーカーが出してるのなら質もいいし…
買ってみます!
HAIR CON HIGE
バレないよ!
先生以前それつけてトークライブやってましたもんね(笑)

JOSAI DE TSEIBETSU GA NAI TO HANMEISITA OREGA ARAFIFU NI NATTE WAKATTA KOTO

スペシャル対談

桜壱バーゲン＆沖田×華 × 新井祥＆うさきこう

「パートナー」と「将来」のこと

新井 おふたりは長い付き合いの中で、「別れるかも」っていうケンカをしたことはありますか？

沖田 付き合いはじめの頃ですね。私が24歳で、桜壱さんが40歳の時に同せいを始めたんですけど……。

桜壱 沖田は毎日毎日くだらないことで怒るんですよ。

沖田 たとえば、「今日はカレーを作るね」っていわれて楽しみにしていたのに、うどんが出てきて激怒する、みたいな。私、気持ちの切り替えがすごく苦手で、怒るとだまっちゃうんです。

桜壱 3日間クチをきかないとか、最初の頃は一緒にいてつらいこともありました。気まずい雰囲気が続くのがイヤなので、最終的には俺が沖田をくすぐって笑わせて、仲直りをするようになって。

沖田 ゲラゲラ笑うと、怒りが落ち着くというか。桜壱さんはそのあと冷静に、私のどこが悪かったのかを教えてくれるんです。

新井 大人ですね！

沖田 ……というのを続けていったら、ここ5年くらいはほとんど怒らなくなりました。ちょっとイヤなことがあったら、一緒に何かおいしいものを食べにいって、「おいしいね」っていって、それで解決するようにしています。

桜壱 沖田は出会った時に比べると性格がだいぶ温厚になって、一緒に暮らすのも楽になりました。

沖田 おふたりはケンカとかされますか？

新井 ケンカというか、なんだかふたりの雰囲気が悪い時期はありました。ちょうど去年、自分のドキュメンタリー映画を撮っていて、自分の感情や思っていることをフィルムを通して出していく中で、こう君とちょっともめたりもしたんですけど、今はスッキリした感じです。年齢的な価値観の違いでケンカになることもありますが、最終的には自分が謝ることが多いです。

うさき 僕は時間がたてばすぐに機嫌が直るタイプなので。ケンカもあまり記憶に残っていないというか。そのくらいささいなことです。

新井 知り合ってからの年月が、自分たちと桜壱先生たちはだいたい同じくらいなんですよね、たしか。

沖田 今年で16年めくらいかな。

新井 今でも相手に対してつい気を使ってしまうことや、困ることってありますか？

桜壱 沖田はまったく家事をしないし、服も脱ぎ散らかしっぱなしで片づけないし、とにかくいろいろありますが、もう16年も一緒にいて直らないのであきらめました。俺は料理を作るのが好きだし、家事もそれほど苦ではないので、相手に求めることをやめて、ひとり暮らしをしていると思うようにしたら、気にならなくなりましたね。

沖田 私は共感能力が皆無なので、家で桜壱さんと一緒に時間をすごすのが苦手で申し訳ないと思っています。私が集中できる30分番組を撮りためてくれるので、それだけは一緒に見るよう努力はしているんですけど。おふたりって、ずっと一緒にいることが多いですか？

新井 おのおのの部屋はないので、基本はずっと一緒ですね。

桜壱バーゲン（さくらいち・ばーげん）

1964年6月4日生まれ。大阪府出身。実話誌における潜入ルポや風俗のルポが有名になり、「外れ風俗ルポ漫画の帝王」との異名を持つ。著書に『絶望の犯島 100人のブリーフ男と1人の改造ギャル』（櫻井稔文名義、双葉社）など。現在、『漫画アクション』（双葉社）にて『バスタブに乗った兄弟〜地球水没記〜』（櫻井稔文名義）を連載中。

うさき ふたりとも同じ専門学校で働いているんですけど、どちらかの授業が入っていない日はひとりになる時間があります。でもとくに、ひとりになりたいと思ったことはないです。

桜壱 ずっと一緒にいて、お互いに気を使うことはないですか？

新井 自分はゲイとしての青春を送っていないので、ゲイの人の感覚がわからず……。こう君もノンケの人の感覚がわからないので、そういうところでお互いに気を使っているのはあると思います。

うさき 僕は先生に作品をほめてもらえた時に、気を使われているのかなって思いますね……。

桜壱 お互いの作品について意見をすることってあるんですか。

新井 最初のうちはアドバイスをしていたんですが、もうなくても大丈夫なようなので、あまりしないようにしています。逆にこう君が自分の作品に関して何かいうことは絶対にないので、必要な時は無理に聞いています（笑）。

うさき それでたまに意見が白熱する時がありますけど、ケンカとは違いますよね。

沖田 私も桜壱さんとは漫画のジャンルが違うので、そのことでケンカをしたことは1回もないです。昔はネームを見てもらったりしていたんですけど……。

桜壱 「俺はもう自分のことでいっぱいいっぱいだから、編集に見てもらえ」っていいました。

沖田 そりゃそうですよね（笑）。

うさき 僕、沖田先生に勝手にシンパシーを感じているんですよ。パートナーと「師匠と弟子」ってところとか、年齢差とか。沖田先生は「自分は絵が雑だ」っておっしゃってましたが、僕も自分でそう思うので……。そのことに対して不安とかないですか。

沖田 あまりないですね。たしかに「話はおもしろいのに、絵が壊滅的にダメ」っていわれて、絵が認められない時期がすごく長かったんですけど、桜壱さんだけは私の絵を「下手じゃない」っていってくれていて。それがあるから、ほかの人からどんなに絵のことをいわれても平気です。自信みたいなものがあります。

新井 ステキなお話ですね！ 自分も、話がちゃんと読めれば、絵が細かいか雑かは関係ないと思っています。ところで、長く一緒にいると、恋愛や性的感情がなくなって、家族に対してのような気持ちになるとよく聞きますが、おふたりはどうですか。

桜壱 そのとおりですね。恋人というより家族って感じです。沖田は家の中では裸族で、しょっちゅうアソコを丸出しにしているので、性的感情がなえます。「アソコを見せるな！ 服を着ろ！」といつも怒っていいますが直らない……。正直、それだけは慣れなくて、やめてほしいです。毎日アソコを見せつけられているので、セックスしてまでアソコを見たいって気になりません……。

沖田 セックスはなくてもいいけど、桜壱さんのチンチンだけは毎日触りたいですね。唯一寝起きの時だけが触れる時間なんです。寝ぼけている時に金玉を引っぱり出して、「ああ、今日もやわらかだなあ」って。見て、触って、楽しんでます（笑）。

桜壱 昔からそう。勃つまでやられたり……。

沖田 私、今はオナニーで満足しちゃってて。「ウーマナイザー」っていう、クリを吸う電動のオナニーグッズを使っているんですけど、音がしないからバレなくていいですよ。私、オナニーしているのがバレると、すごくブチ切れるので……。

新井 そのままセックスにつながるのではなく、ブチ切れるんですね（笑）。

沖田×華（おきた・ばっか）

1979年2月2日生まれ。富山県出身。小学4年生の時に、医師よりLD（学習障害）とAD/HD(注意欠陥/多動性障害)の診断を受ける。看護師、風俗嬢、桜壱バーゲンのアシスタントを経て、2008年漫画家デビュー。『透明なゆりかご』(講談社)で第42回講談社漫画賞(少女部門)を受賞。現在、『本当にあった笑える話』(ぶんか社)シリーズ誌にて『毎日やらかしてます。』、『不浄を拭うひと』のほか、多誌にわたり作品を連載中。

沖田 1回だけ、セックスの時に「ウーマナイザー」を使ったことはありました。桜壱さんに、5分だけ席をはずしてもらって……。

桜壱 その間、俺はAVを見て、お互いマックスになった時にやろうか、って。

新井 それはひとつの手ですね！

沖田 でもそれで合体した時に、なんか違くね？ ってなって……。私、もうセックスをしようとしても濡れないし、ローションを使ったりする手間もめんどうだし、そんな感じで徐々にレス化していきました。

新井 自分は40歳すぎてから性欲はぐんぐん下がる一方ですが……。あ、でもこう君を家族のように思う気持ちは、同居をしはじめた頃から変わらずありますね。

沖田 私は桜壱さんのことを家族みたいに思ったことはなくて。尊敬の塊がたまたま私のことを好き、みたいな感じです。4年くらい前に、桜壱さんの仕事が全部なくなった時があって、その時に桜壱さんが「もっと絵を勉強したい」っていったんですね。それを聞いて、「この人って、漫画を極めたい人なんだな」て思って。漫画家を何十年もやっていたら、どうしても自暴自棄になったりするじゃないですか。同じ漫画家同士で彼女のほうが売れていたら、八つ当たりをしたり、「おまえが漫画家になれたのは俺のおかげ」ってモラハラっぽくなったり。でも桜壱さんはまったくそんなことはなくて、「時間ができたから、もっと絵を勉強したい。デジタルについて学びたい」って。もう、超かっこいい！ ブレない！ って思って、付き合った時の百倍、ものすごく好きになりました。

新井 「尊敬の塊がたまたま私のことを好き」って、なんだかすごいパワーワードですね……！

沖田 桜壱さんの、仕事に対する姿勢をとても尊敬していて。編集に死ぬほどネームをダメ出しされた直後は「こんなにおもしろいのに、なんで」って怒るんですけど、一回寝て起きたら、「やっぱり俺の話はつまらなかった」って認めるんですよ。ダメだといわれたところを認めて、もう一回やろう、ってなるんです。そういうところが好きだし、尊敬しているので、桜壱さんに何かいわれても「はい」って素直に受け入れることができるんだと思います。

新井 好きな気持ちと同じくらい、尊敬の気持ちがあるんですね。

沖田 だから桜壱さんと自分が家族だって認識するのに、かなり時間がかかりました。桜壱さんの定期健診に付き添って病院にいった時に、桜壱さんのご家族のかたー」って何度呼ばれても自分のことだと気づけなくて。さっきから何度もうるさいなー、誰のことだよ、あ、自分のことだ！ って（笑）。

新井 結婚をしていることをオープンにしはじめたのは、何か心境の変化があったんですか。

沖田 幻冬舎で連載している作品の中で、それに触れなくちゃいけないシーンがあったというのもあるんですけど。ずっとだまっていたのは、桜壱さんから「結婚していることをいうと、仕事がこなくなる」っていうジンクスを聞かされていて。要は、すぐ子供を産んで仕事をやらなくなるんでしょ、あまりムチャはできないよね、っていう扱いになるから隠せっていわれていたんですね。だから籍を入れてからもしばらくはずっと、師匠と弟子みたいな感じでやりとりをしていたんです。

桜壱 そういえば、おふたりが子弟関係からお互いをパートナーとして意識したきっかけってなんなんですか。

新井 自分は、単行本の冒頭で毎回、こう君のことをなんて紹介したらいいんだろう？ って考えるたびに、少しずつ心が

うさきこう

新井祥のアシスタントを経て、2015年にボーイズラブコミック誌『ルチル』（幻冬舎コミックス）にて漫画家デビュー。それを機に、自身がゲイであることをカミングアウトした。著書に『ぼくのほんとうの話』（幻冬舎コミックス）、『純情少年 僕が男とヤッた理由』（ぶんか社）がある。現在WEBコミック『ルチルSWEET』（幻冬舎コミックス）にて『太刀風君は侘びている』を連載中。

固まっていった感じです。

うさき 僕は正直、アシスタントになるより先に、先生のことを狙い撃ちしてました。でもきっかけがあるとしたら、それは僕の家出です。

沖田 今ではやっぱり、家族のような感じですか。

うさき 僕の気持ちは変わらず、ずっと昔のままですよ。

沖田 家族といえば、2年前に一度、「子供をつくろうか」って話になったことがあって。桜壱さんがけっこうしつこくいってくるから、私も作らないとダメなのかなって気持ちになってきて……。「ファイナルアンサー」っていわれた時に、「じゃあ作ろう！」ってなったんですけど、でもその前に先の話をしよう、私は絶対に育てられないから、ベビーシッターさんを呼んで、産休もとって……って具体的に話しだしたら、桜壱さんが「あああ〜〜〜〜ちょっと待って!!!」って叫び出して（笑）。

桜壱 沖田は産んだら産みっぱなしで何もしないことがよくわかったので、その話はなしにしました。たぶん俺のほうが先に死ぬだろうから、沖田をひとりにしたくないという思いがあったんですけど。

新井 子供と沖田先生だけ残されたら、すったもんだで大変なことになりそうですね（笑）。じゃあ最後に、年をとっていくことや将来に関して、怖さや不安ってありますか？

沖田 桜壱さんとは、死後こういう手続きをしてほしいとか、墓はいらないとか、そういう話はしています。ただ、何回いわれても重要書類がまとめてある場所を忘れてしまうので、堂どうめぐり状態です（笑）。おふたりはそういう話はしますか？

うさき 僕は野ざらしの死体になりたいです。

新井 それ、処理がめんどくさいよ（笑）。

うさき 生きるだけ生きて死んだ、みたいのに憧れがあって……。死んでからのことは考えたことないですね。もちろん相手を看取るとか、お葬式をあげるとか、そういうのはちゃんとしてあげたいと思うけど、自分自身はどうでもいい。

桜壱 俺は沖田に先に死なれるのが怖いですね。沖田とは四六時中一緒にいて、何をするのも一緒で、俺は友達が少ないから飲みにいくのも沖田とふたりきりで。ふたりぼっちを長年してきて、もう体の一部みたいになっているので、そんな沖田がいなくなったら寂しすぎて、生きる気力がなくなると思います。

新井 そういえば以前、沖田先生が自殺をしそうになったお話を漫画で描かれていましたが……。

桜壱 俺も漫画を読んで、そのことを知りました。頼むから死なないでほしいし、次にそんな状況になったら、俺に相談してほしい。

沖田 たぶんそこにいくまでに、自分の中でいろんなサインが出ていると思うんですけど、気づけないんですよね……。

新井 自分はこう君に何かあったら支える自信はありますが、逆の場合、ちょっと心配ではあります。

うさき 僕は老いとか死に対する不安や恐怖より、これから新しく生まれる文化に、若者として参加できないのが残念ですね。若い子はもう、漫画を読まなくなっていくんじゃないかっていう不安があるし、自分が漫画に関してどこまで、絵や構成能力が上達できるのか、止まる日がくるのかを考えると怖いです。あとは、年金をちゃんともらいたいです！

沖田 年金！　いいシメになった（笑）。

新井 今回、おふたりがかなりラブラブで仲がいいことが伝わってきて、すごく感激しました。対談できてうれしかったです。ありがとうございました！

２０１９年６月 都内某所にて対談

30SAI DE 「SEIBETSU GA NAI!」 TO HANMEISITA OREGA ARAFIFU NI NATTE WAKATTA KOTO

パートナーと生きるということ 編

16.
沖縄ドライブ
前編

春先のこと
ズズ…
花粉ががまんならんので沖縄《おきなわ》にいく
エーッ
昔と違ってぼくにも締め切りがあるから
お互い忙しい身だってのに…
まったくもう仕方ないですね!!
ウキウキ
素直じゃないけど気配に出てるぞ

車で!! ①

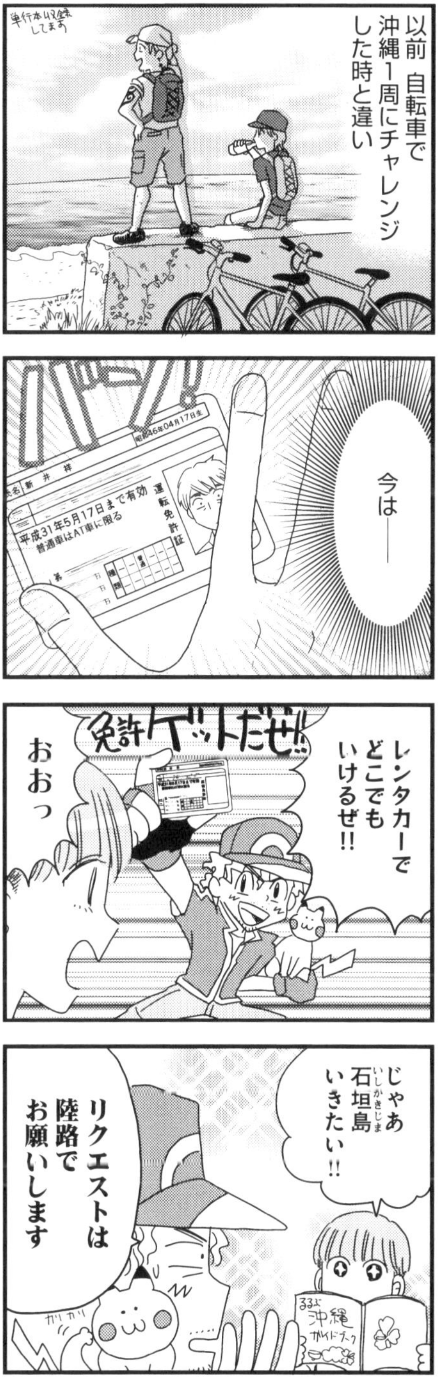
単行本4巻収録してます
以前 自転車で沖縄1周にチャレンジした時と違い
今は――
免許ゲットだぜ!!
おおっ
レンタカーでどこでもいけるぜ!!
じゃあ石垣島《いしがきじま》いきたい!!
リクエストは陸路でお願いします
カリカリ
るるぶ沖縄ガイドブック

車で!! ②

私ノ名ハデミ男《オ》…!
レンタカー
ヨロシクウサギ君!!
ビカビカ
何やってんですか
勇者ロボ風に
滞在中はずっとレンタカーで移動することになるが…
覚悟はいいか?
めっちゃ緊張してる
ガタガタ

不安①

だってさー
着くなり知らない車で夜間ドライブで
くねくねした細い道ばかりだなんて…
名古屋は直線の太い道多いですからね
NAHA
NAGOYA
その上…
ヒャッホー
暴走族モドキのスクーターKIDS《キッズ》がたまに出没する
高校生!? 危ない～!!

不安②

港だ
ふー…
めっちゃ疲れた…
明日から大丈夫かな
スゲー長距離走ることになるから…
不安がががががががが
先生もお風呂どうですか～
回復した

男らしさ？ ①

車の運転ってさあ…
ブロロー！
よゆうでこなさないと「男らしくないんじゃないか」ってつい思っちゃうんだよね
ブロロロ…
古い考えだってのはわかってるけど――
いえ 古い新しいじゃなくて
東京《とうきょう》の人なんだなあって思いました！
えっ どーいうこと!?

男らしさ？ ②

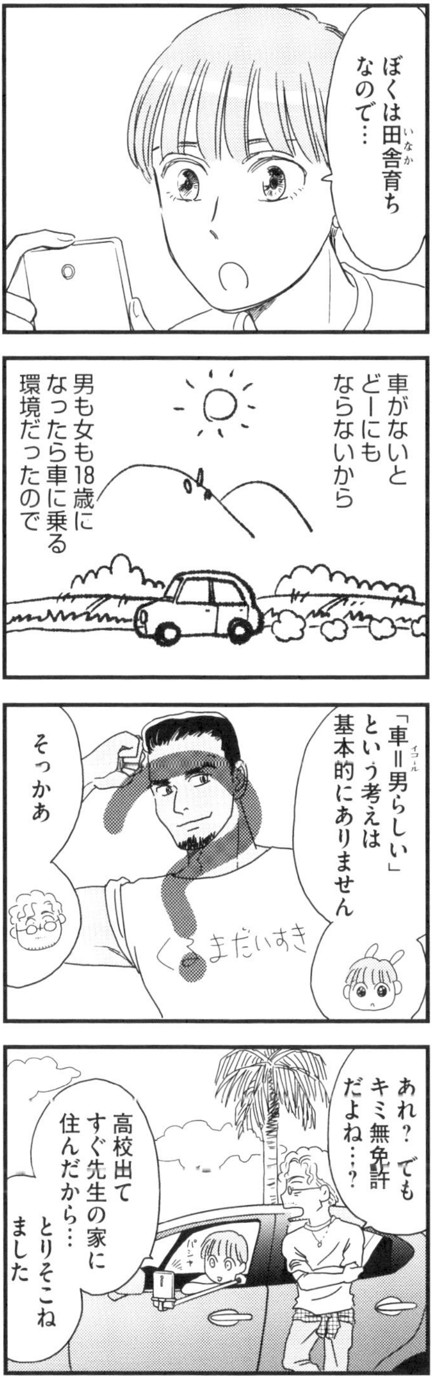
ぼくは田舎《いなか》育ちなので…
車がないとどーにもならないから
男も女も18歳になったら車に乗る環境だったので
「車＝《イコール》男らしい」という考えは基本的にありません
くるまだいすき
そっかあ
あれ？ でもキミ無免許だよね…？
高校出てすぐ先生の家に住んだから…
とりそこねました
パシャ

バブルと車

じゃあ
バブル時代の…
女をオトすのに
安い車はナシだわ
……
国産車？
イマイチ〜!!
軽自動車？
ありえないっしょ〜
ギュム
ギュム
ギュム
30 years later
ってノリは？
男は外車か
高級車よ♡
トシとってもまだ言ってる人いますが
若いコだと
ほとんど
聞きません
ね…
性別
関係なく
てか
今は外車でも
小型・低燃費が
主流だもんね

無免許RAP

YO
YO
俺は東京生まれ
東京育ち〜
近所もみんな
地下鉄育ち
三田
祖父母も親も
車もってなし
結婚相手も
車もってなし
最近『遊戯王』で声優やってます
YO
気づけば名古屋で
動くすべがなし〜
…で免許
とったん
ですね

思い出のデミオ①

とりあえず長距離運転に関しては――
ブウ～ン
やんばる地方には今回行ってない
旅行中の移動でだいぶ慣れました♡
よかったですね
この子が元気いっぱいに走ってくれるから…
レンタルしたマツダのデミオ…
※イメージふくらみました
松田《マツダ》デミ男《ダ》!!
なんていい直してまで
ガッ

思い出のデミオ②

SUN SUN..
晴天にも恵まれて気持ちいいドライブ旅でした
沖縄はもう初夏!
レンタカー
離れたくない～
ずっと乗ってたい～
スリスリ
デミオの青い空
僕たちは一緒だ…どんなに離れても…
先生…
※イメージ(以下略)
名古屋の駐車場にいるジーノが悲しみますよ
大発《ダイハツ》ジーノ!!
CHAO
ガッ

17.
沖縄ドライブ
後編

沖縄旅行にいってる最中
いくつか気づいたことがある
俺たちって…
ヘンな組み合わせ…？
何が？
何がって…
見かけ…？
チャラいおじさん↓
少年↓
気のせいですよ

ヘンかな？①

海洋博公園《かいようはくこうえん》
沖縄美ら海水族館
いや…
気のせいじゃ ないと思う
！
オキちゃんショップ
じーっ
友達…というより 親子かなあ
ぺろ ぺろ

ヘンかな？②

親子っぽく見えて しまうのは…
こう君が若く 見えるせいかな？
う〜む… こんなだけど
シッ…!!
ママあのおじちゃん…
31歳なのにね!!
違います 18歳156カ月です

どういう関係？ ①

海外では直《ちょく》で聞いてくる人もいるが
息子と旅かい？
日本人は人間関係については触れてこない
どちらからですか？
名古屋から…
もし親子じゃなかったら悪いし
ましてや愛人だったりしたら…!!
たしかにおじさんが若いコを連れてる場合恋人や夫婦じゃなく「愛人」だと思われやすいですよね…
男女カップルでも
せちがらい世の中だのう

どういう関係？ ②

先生が30代の頃はよく聞かれてた記憶があるんですが
国内でも
どういう関係〜？
兄弟!?
みたいな感じで——
でも40代も半ばになると
"ガチで父親かも感"が出てくるから——
あ〜腰いてぇ
…ってこう君も一緒にトシとってるはずなんだけど!?
?!
本来ならオトナどうしの兄弟に見えるはず…
30代
40代

男同士女同士①

これがもし女同士の旅だったら…
はた目にはどう映るのだろうか…?
キャッ キャッ
うーん…男同士よりは
よく見かける光景な気が…?
大人になったらたとえ親子でも
"父と息子"より
"母と娘"で
旅やショッピングに出かける光景のほうが多いような――
ガイドBOOK

男同士女同士②

トシかさのいった男と若者って組み合わせを見かけるのは
ビジネスの場ばかりですよね
それかアフター5《ファイブ》の飲みの場か――
どちらにせよ上下関係が絡みやすいね
台北《タイペイ》で飲茶《ヤムチャ》しよっか
買い物もしたいです～!!
キャッ
MAP
お友達
次はあの寺をまわるぞ
はい
親分と子分
俺はこっちのほうが好きなんだけどね～
でも現実はこっちのタイプですよ先生…

気づいたこと①

ポン
そうか わかったぞ
年齢が離れてても妙に思われない親子以外の関係があった
それは
なんかの研究してる先生と
助手（もしくはゼミの学生）
そういう気配が出ている時は平気なんだ!!
イルカショー見たい〜
出てないけど →

気づいたこと②

ブロロロ〜
このさい ひらき なおって…
瀬《せ》長島《ながじま》ウミカジテラス
カップルのいきそーなスポットにいってみよう
ザザーン
わー きれーい
リゾート感たっぷりだね！
Sea Breeze
まぁどんな関係に見られてもいいや 心地よければ
ぼくはもともとそのつもりですよ！

ハンモックカフェ①

ハンモックのカフェがあるそうだよ
行ってみよう!!
ザザー
へえ～っ変わってる
お茶も食事もハンモックで…
TROPiCAL!
こーいう図を想像したけど…
実際やると…
ユ～ラ
ジュースこぼしそうで危ないいっ
ちゃぷ
ユ～ラ

ハンモックカフェ②

ユラ…
ユラ…
あ～
こいつぁ気持ちいい…
じーーーっ…
見られてます…
乗りたいのかな?
仕方ないふたりで一緒に乗るか♡
ひとつ空くよォ!!
壊れるからダメ～ッ!!

18.
お互いに秘密はあるの？

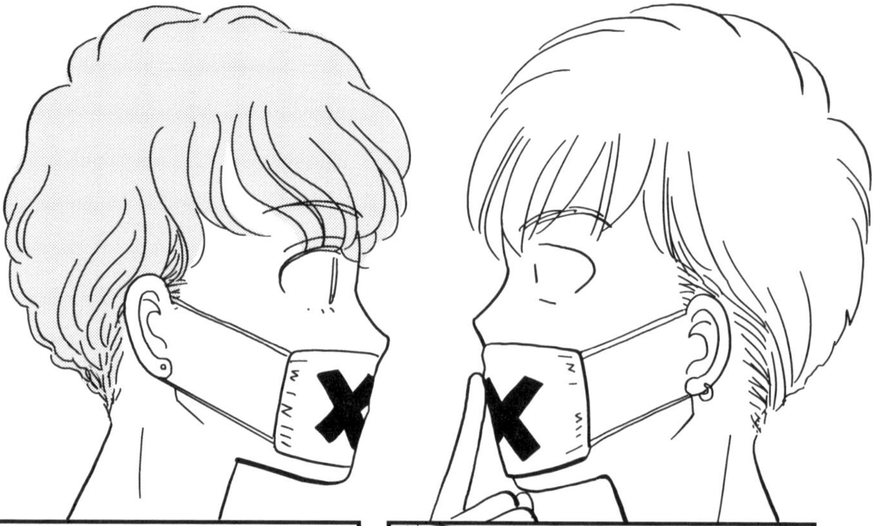

とある朝のこと
ふぁ～…
ジャブ ジャブ
夢精？
生理？
まさか おねしょ…
!? 先生が何かを手もみ洗いしてる…？
ジャブ ジャブ
マスクだ マスク!!
可能性の広がり方にびっくりしました
流行りの黒ウレタンマスク（洗って使える）

秘密はないの？ ①

よく
ふたりで同居していて秘密はないの？
あったらどうやって隠してるの？
という質問をうけます
あるある！そりゃあるさ！
だって…
こう君がエッチ経験あることすら知らなかったくらいだし…
あ 単行本に描いてますのでよろしくです
純情少年
僕が男とヤった理由

秘密はないの？ ②

そうなのです！われわれは…
みえないまく
無理な介入をしないので…
隠すというか…お互い知らない部分がけっこうあるよね
ありますね
ぼくだって先生のこと…
すき間を見つけては女遊びしてるのかと思ってました…！
俺そんな遊び人に見える？

聞かない①

たとえば何か聞いた時
彼氏とかいたの？
いえ…
……
とあいまいな雰囲気の返しだったら
いたかもしれんけど
微妙なあんばいの関係だったとか…
二股とか
セフレとか
いいにくいからいないってことにしたのかもしれんな
と解釈してそこで終了

聞かない②

こう君に至っては質問もしないもんね いっさい
俺の事…
はい
「聞かれてもイヤじゃないこと」は先生自分から話してくるし…
「イヤじゃないけどクチには出しにくい」こともあるよ
はい でもそういうのは
ここに描かれてるんで……
口のかわりにペンを使って…
か 描いてない話題だって一応あるんだぞ！

最初の頃①

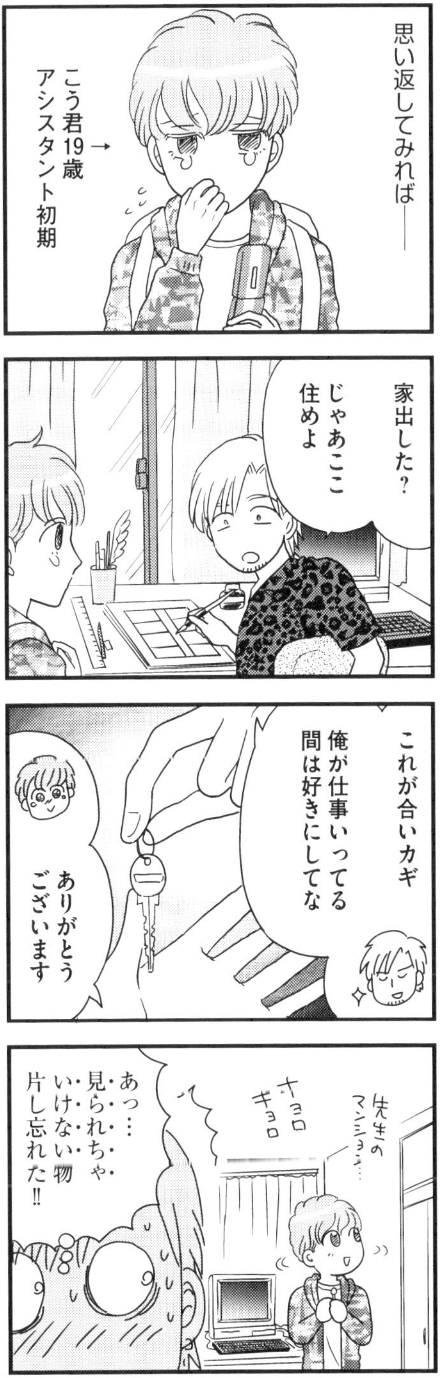
思い返してみれば――
こう君19歳 アシスタント初期
家出した？
じゃあここ住めよ
これが合いカギ
俺が仕事いってる間は好きにしてな
ありがとうございます
先生のマンション…
キョロキョロ
あっ…見・ら・れ・ちゃ・い・け・な・い・物 片し忘れた!!

最初の頃②

自分の携わったエロ本
昔かいたマンガ
風俗ルポ
H
女の姿での写真や記録
PHOTO
結婚期の写真(女の姿)
ドカドカ
説明するほどまだ親しくない
びーーっ
何かを全力で隠してる…？
よいしょ
最初に膜を張ったのは自分だったんだと思います

それが日常①

日常話は…
『スパロボX《エックス》』限定版買った!
各ロボの主題歌入りなんだよな!
スーパーロボット大戦X
ニャー
『はじめの一歩《いっぽ》』完結しちゃいそう
『へうげもの』完結しちゃいそう
へうげもの
マガジン
富野由悠季《とみのよしゆき》監督のアニメは…
『ガンダム』はやはり初代が…
いのごの
いのごの
〈もりあがる話題ランキング〉
1位 ゲーム
2位 漫画
3位 アニメ
4位 動物
5位 ガンダム
これがわれわれ…?
5位は3位に含まれるぞ

それが日常②

人生設計の話や
仕事の話
LGBTを含む社会問題の話も
する時はするんですが
それ以外の
なんでもない会話くらいでいい時間
…っていうののほうが多くなりますよね
やっぱ
1日って長いもんねえ…

撮影期間中

だからドキュメンタリー映画の撮影期間は
1年間ずーっと自分たちのことを見つめ直していたので…
俺は中性だけど30までは女として暮らしてたから
ゲイとして悩んだ過去はないし…
ゲイである孤独感
別物
ゲイにもノンケにもなれない孤独感
ニョロ
ニョロ
孤独感をクチにするたび距離を感じてケンカになってた…
悪循環

越えていけ

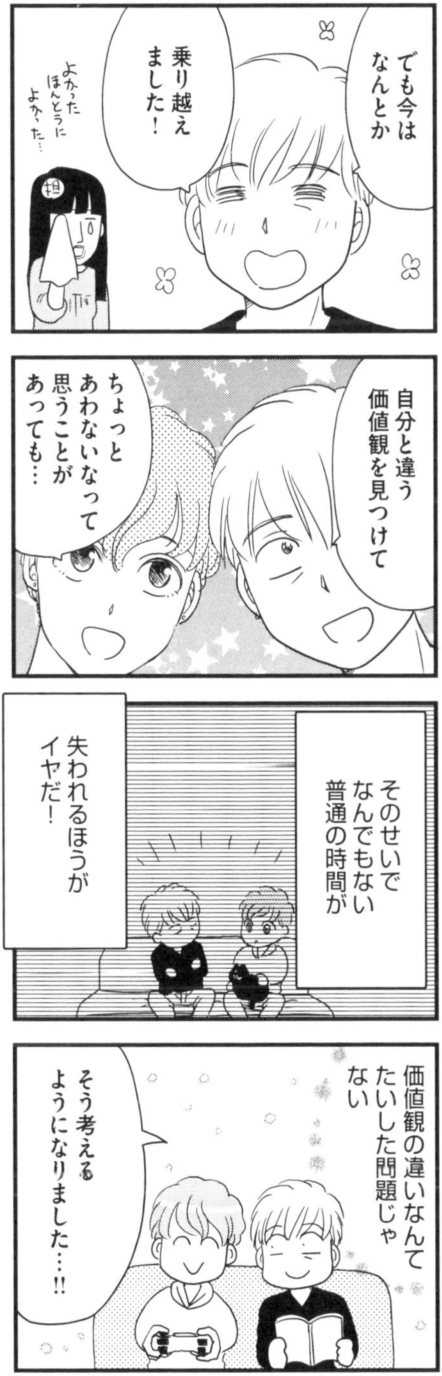
でも今はなんとか
乗り越えました!
よかったほんとうによかった…
担
自分と違う価値観を見つけて
ちょっとあわないなって思うことがあっても…
そのせいでなんでもない普通の時間が
失われるほうがイヤだ!
価値観の違いなんてたいした問題じゃない
そう考えるようになりました…!!

19.
一緒に寝るということ

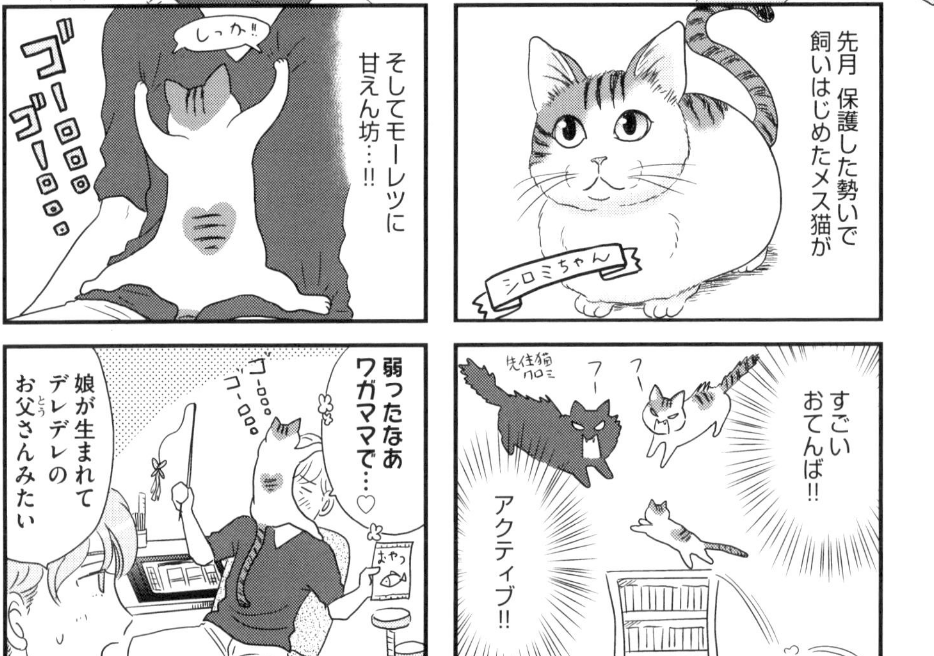
先月 保護した勢いで飼いはじめたメス猫が
シロミちゃん
先住猫クロミ
フー
フー
すごいおてんば!!
アクティブ!!
そしてモーレツに甘えん坊…!!
しっか!!
ゴーロロロ
ゴーロロロ…
弱ったなあワガママで…♡
ゴーロロロ
ゴーロロロ
おやつ
娘が生まれてデレデレのお父《とう》さんみたい

ベッド合体①

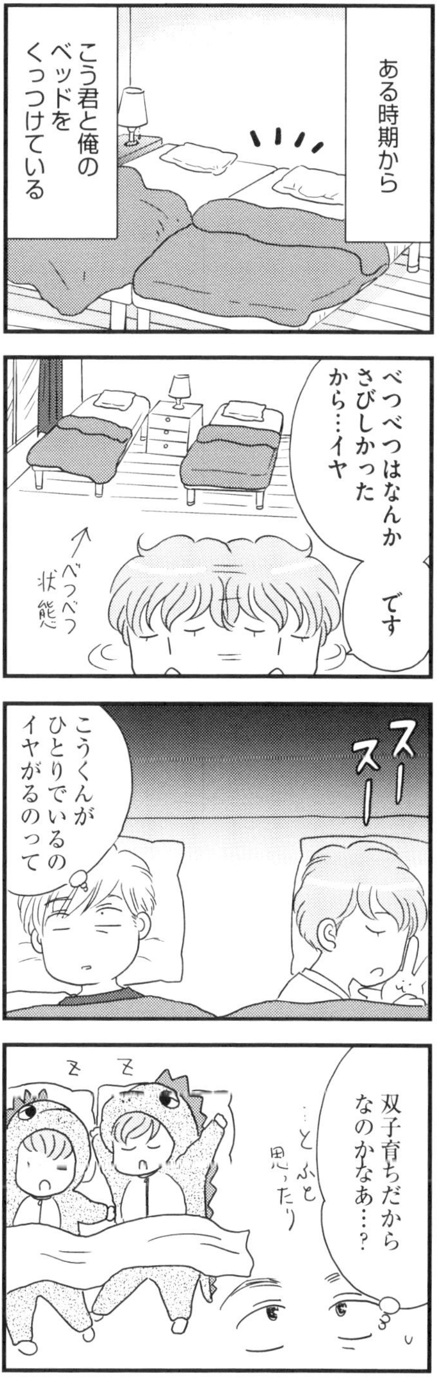
ある時期から
こう君と俺のベッドをくっつけている
べつべつはなんかさびしかったから…イヤ
です
↑べつべつ状態
スースー
こうくんがひとりでいるのイヤがるのって
Z Z
双子育ちだからなのかなあ…？
…とふと思ったり

ベッド合体②

キングサイズの敷き布団を2枚敷くと…
段差がまったくわからなくなり
巨大なベッドのできあがり
めっちゃゴロゴロできますよ！
わーい
ぬいぐるみもたくさん置けるし
それ俺のほうに侵食してこない!?ねえ…

デカベッド①

やってみて気づいたことではあるが
デカいベッドは超気持ちいい
寝方はシングル状態となんら変わりないんだけど…
シングル幅
シングル幅
大きい布団に包まれてるんだぁ
って思うだけでかなりの心地よさ
いっそのこと部屋ごとベッドにしたい…！
おかえりー
ふっかー

デカベッド②

どちらも寝相は
いいほう
くかー
結婚してる頃だと無理だったろうなこれ…
う～ん
ドカーン!!
ぐえ
IKKAN
おとなしく寝るコでよかっ…
ぼっふん!!
やっぱり侵食してきた～…
こういう寝相もあったか…

寝具①

最初 掛け布団もキングサイズのにしてみたんですが
でかいですね
外国映画みたいだね
ブルッ
ぐるん
ブルッ
ぐるん
寝相はよくともさすがに無理がありました
むくり…
寒い…？

寝具②

というわけでシングルかけぶとん×2…
どうせだからさあ…
オシャレなカバー類でコーディネートしようか
こういう…
わーいいですね
おそろい寝具ぜんぶふたつずつ
こっこれはいわゆる…〝同せいしけじめの同性カップル〟ってやつでは…？
いるんだほんとに
あスリッパもいりますね

ちょっと恥ずかしい①

…オシャレになったけど…
落ちついて考えたら他人に見られたらちょっと恥ずかしい寝室…？
誰もきませんよ
寝室に招くほどの友達はいません
来ても1階でじゅうぶん
ダイニングキッチン
寝室&リビング
風呂トイレ
仕事部屋
庭
そ…そだね
…と思ってたのについ忘れてしまう自分なのであった
旅行中ペットの世話頼みたいんだけど…
近所に住んでる同僚の先生
いいですよ～

ちょっと恥ずかしい②

おじゃましまーす…
ってだれもいませんよわ～
ごはんですよ～
CAT
ぐちゃあ…
………
きちんとベッドメーキングしてくれてる…
あーなんかいろいろ恥ずかしいっ…!!

ある夜のこと①

そろそろ寝るか
はい
われわれは不眠症《ふみんしょう》なので睡眠薬《すいみんやく》を飲んで寝ます
ポイ
ごくん
ムニャ…
ハッ
俺…寝屁《ねっぺ》とかしてない？ 大丈夫!?
ガバッ
パチッ
せっかく眠れそうだったのになんですか…

ある夜のこと②

してませんよ
マジ卍《まんじ》!?
なぜ急に若者言葉…
今のところ聞いたことないです
気になるんですか？
いや…先に眠りに入った時もしてたら…
や…やだなと…
BOO
…はいはい寝ますよ
なんだよそのためは
隠してない？ ねーこう君…

20.
温泉へいってみよう!

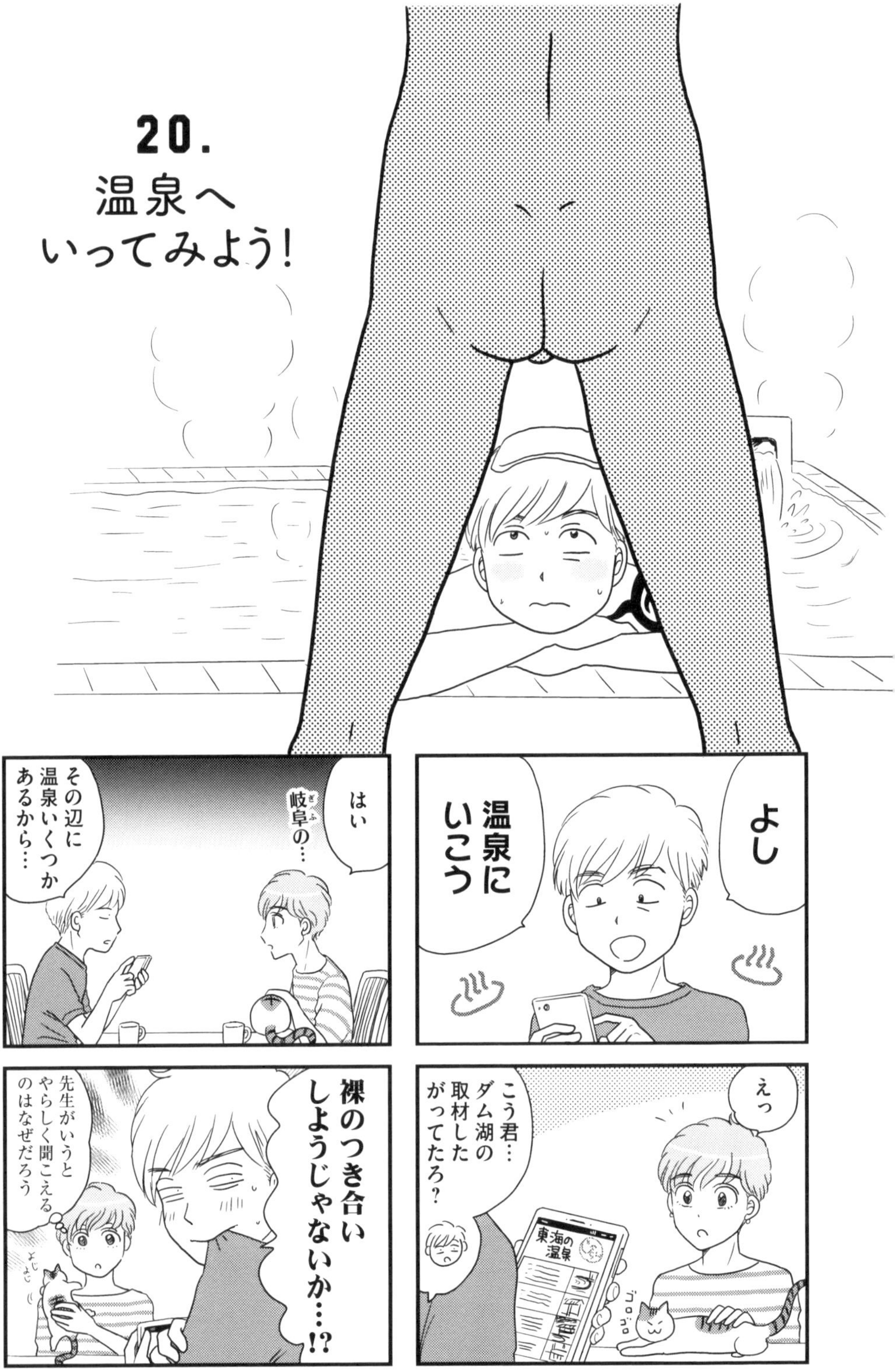

よし
温泉にいこう
はい
岐阜《ぎふ》の…
その辺に温泉いくつかあるから…
えっ
こう君…ダム湖の取材したがってたろ?
東海の温泉
ゴロゴロ
裸のつき合いしようじゃないか…!?
先生がいうとやらしく聞こえるのはなぜだろう
よじよじ

温泉にいこう①

ガチャ
着いたぞ！“谷汲温泉《たにぐみおんせん》”だ
ネットで温泉旅館を予約しておいたよ
わーっ先生…
…の名前がでかでかと入り口に!!
レトロ!!昭和感!!
歓迎
伊藤様
新井様
ってぼくたちのほかひと組しか泊まってませんね…？
おみやげ
ヒュ
平日はほとんどの店が閉まってるよ〜
通りがかりの人

温泉にいこう②

すいてるのか…
オフシーズンですもんね
夏休みになったら混むのかな〜
ふっふっふやったぜ…！
何が？
気がねなく大浴場に入れる!!
ブチッ
ブチ
問題ありまくりなふたり
…たしかに…
入れ墨
男湯が恥ずかしい人
クリチン

入れるヨロコビ①

…………
おなじみの
タトゥー・入れ墨のある方の入泉はお断りします
の表示がない…!
うれしい
あれ…海外からの観光客にすごい不評なようですが…
入浴禁止です
?!
Why!?
廃止されるといいなー!!
温泉のタトゥー禁止令
古臭ぇよ古臭ぇ!!
オリンピックにむけてどうなるんでしょうかね～
外国の人たくさん来るから

入れるヨロコビ②

ガラッ
ペコ
ペコ
〝もうひと組〟の宿泊客でしょうね…
あのおじいちゃん
…が風呂を出たってことは…
やった～～～!!
貸し切り温泉だ～♡

コソコソしない①

大浴場に入れない方がた
オフシーズンの温泉宿…
カポーン…
おすすめですよ！
ジョボジョボ
普段ならコソコソしなきゃいけない人でも
コソコソ…
コソコソ
コソコソ
もうこーんな!!
ぐぱぁ～
だ…だらしない…！

コソコソしない②

俺たぶんチンコあったらさー
よく銭湯にいるふてぶてしいオッサンになってたかも…
気にしない
ああ…"隠さない系"ですか…
シャー
そうブラチン男子
竹内先生の本面白かったです
BURACHIN
最近の若い男は隠すほうが多いけどたまにいますね…
せっかくなんで見させてもらいますが!!
おー ジェットバスだー！

温泉写真①

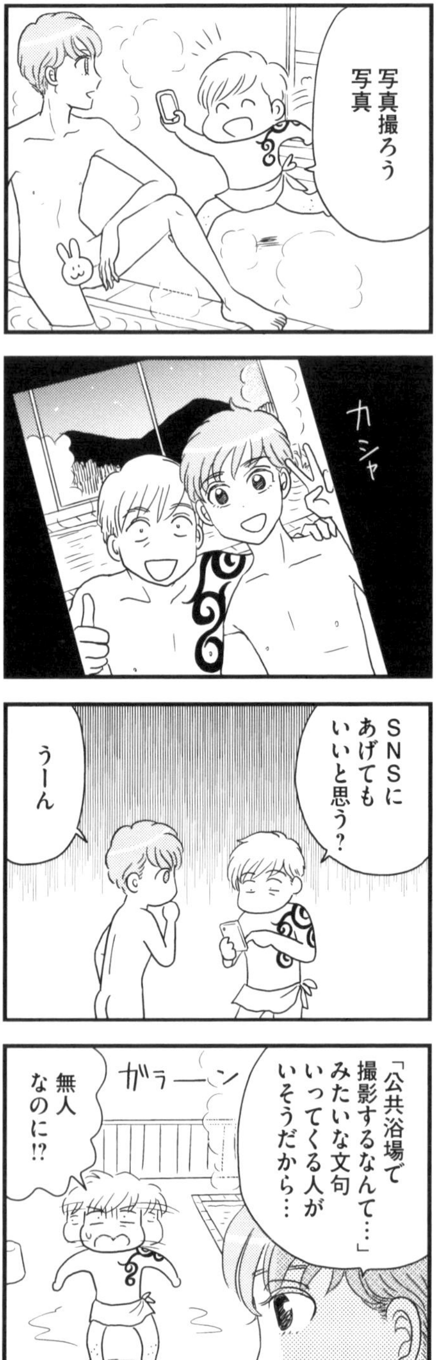

写真撮ろう
写真
カシャ
SNSにあげてもいいと思う？
うーん
「公共浴場で撮影するなんて…」みたいな文句いってくる人がいそうだから…
ガラーーン
無人なのに!?

温泉写真②

でもたしかに現代は――
写真だけひとり歩きをして…
本人や状況の確認もせず人をたたく時代
ここ公共浴場？
銭湯で勝手に撮影する常識知らずな奴いるよな
周りの人写ったらどうすんだボケが
大人としての良識ある行動を
これだからインスタグラマーは
他人に見せるのはやめとくか
記念として残っていればそれでいいですよ
思い出にケチつけられたくないから…
そうだな

お風呂あがり①

じーーー
かわいいお尻だなあ…
何凝視してんですか
そういえば昔こういう状況で入れ墨おじさんと一緒になった時…
かわいいお尻だなあ…
ボソッ
あれは怖かった
入れ墨…怖いんじゃないですか
先生も

お風呂あがり②

!
旅館の人 ←
ほこほこ
フー
大浴場カギかけて使ってもいいですよ
エッ
どうせ今の時季すいてるから…
のびのび入りたいでしょ？
ウフッ
じーん
やさしい…！
でも何かを察してるような…
考えすぎ？

21. パートナーだからこそ!

生エビ
もち入り
イカ玉

『性別が、ない!』の映画の舞台あいさつで広島《ひろしま》にいった時のこと
早く着いてしまった…
ひとりで観光するかな
ぽつねん…?
こう君…昨日発熱したのが治らなかったな…
37度5分…
ピッ
37:5
高熱ってほどじゃないからぼくもいったほうが…
ダメ!!
病人は家で寝てろ

広島上映①

監督
新井さん 雪の中 ありがとう ございます
バサッ
ようこそ広島へ!!
渡辺監督は広島県出身なのでいわば「故郷帰り上映」なのです
感慨深《かんがい》いものがありますねぇ…
自分の映画を故郷で上映…
しみじみ
ジワっときちゃうんじゃないですか?
そりゃもう
午前中の上映後あいさつでは5分間号泣しちゃいましたよ
うう…
エグッエグッ
ご…5分も
お客さんどんな顔してたんだろ

広島上映②

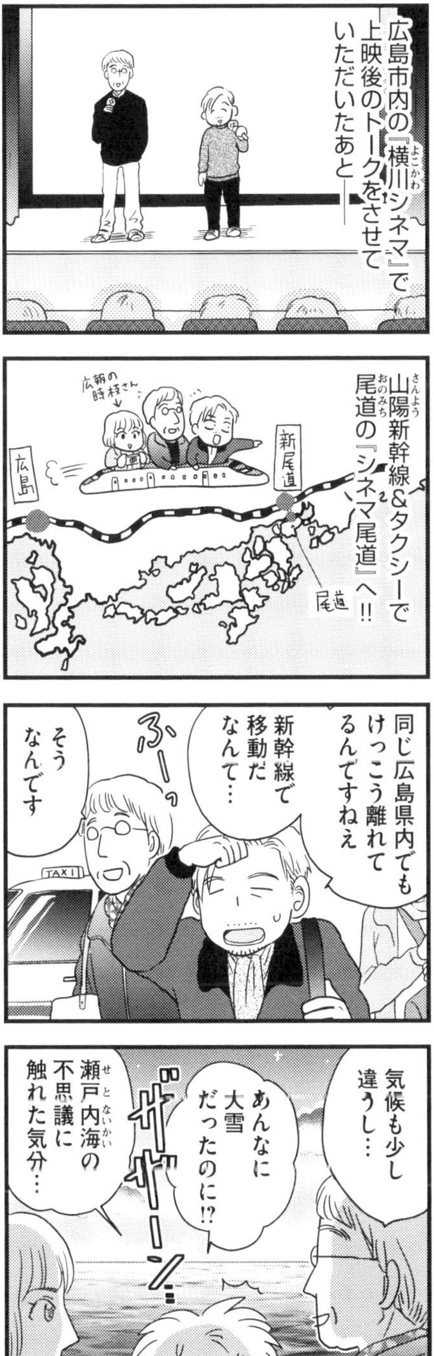
広島市内の『横川《よこかわ》シネマ』で上映後のトークをさせていただいたあと—
山陽《さんよう》新幹線&タクシーで尾道《おのみち》の『シネマ尾道』へ!!
広報の時枝さん
広島
新尾道
尾道
同じ広島県内でもけっこう離れてるんですねぇ
新幹線で移動だなんて…
ふーっ
そうなんです
TAXI
気候も少し違うし…
あんなに大雪だったのに!?
ザザーン…
瀬戸《せと》内海《ないかい》の不思議に触れた気分…

その頃…①

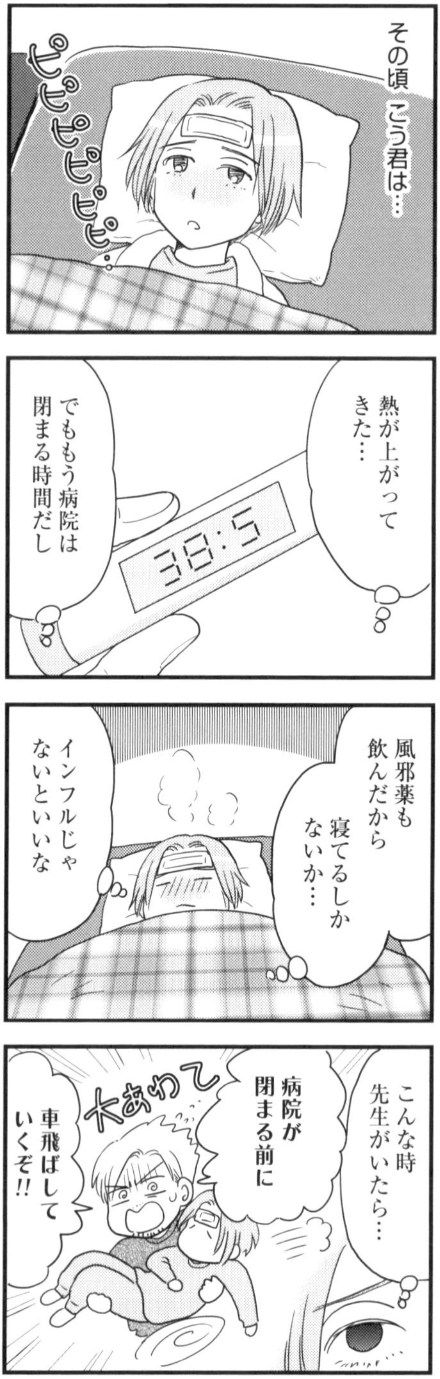
その頃 こう君は…
ピピピピピピピ…
熱が上がってきた…
でももう病院は閉まる時間だし
38:5
風邪薬も飲んだから
寝てるしかないか…
インフルじゃないといいな
こんな時先生がいたら…
病院が閉まる前に
大あわて
車飛ばしていくぞ!!

その頃…②

シネマ尾道ではトークのあとサイン会をさせていただき…
こう君いないんでムサ苦しくてスミマセン
いえいえ
いえ
監督とふたりでプチ打ち上げ
CHEERS!
お疲れさま!!
せっかく宿泊されることだし…
地元 地元
明日は尾道をご案内しますよ!
はい…
こう君熱引いたかなあ…?
魚がおいしいんですよこの辺りは

べつべつの夜①

ホテルにチェックインしこう君に電話
熱の具合どう？
38度…5分…？
エッ
熱上がってるじゃないか!!
大丈夫…
大丈夫じゃない!! 始発で帰るぞっ
お客さんからいただいた「ブロイラー」を食べて体力をつけとく俺
これが広島の味…
ブロイラー
尾道
しゃぶ
しゃぶ
鶏の手羽先の駄菓子(?)です

べつべつの夜②

その頃のこう君
心配させないように低めにいったけど…
ハァ
ハァ…
本当は40度…
ハァ
ハァ
ハァ…
ニャ～
苦しい…
フッ…
高熱のあまり意識が飛び飛びになってました
あ…今脳がまっ白になった…？
怖い…
怖い…
ゴロゴロ
???

帰宅①

バタン
ダダダダッ
よしッ休日診療してる病院いくぞ!!
寝間着のままガンガン着こんで
テキ
パキ
車ならすぐだ!!
監督は…
監督なら心配ない!!
ひとりで尾道観光するそうだから…
ヤア眺めがきれいだナァ
ちょっとさみしい

帰宅②

せん…せ…帰ってきてくれた…
当たり前だろ
こういう時にいてこそのパートナー!
いつでも一緒さ
ブロロロロ
インフルエンザA型ですね
やっぱり…
パートナーの方ですか?
感染の可能性がありますのでぜひ検査を…
ガーン
えっ
いつでも一緒の弊害

大丈夫①

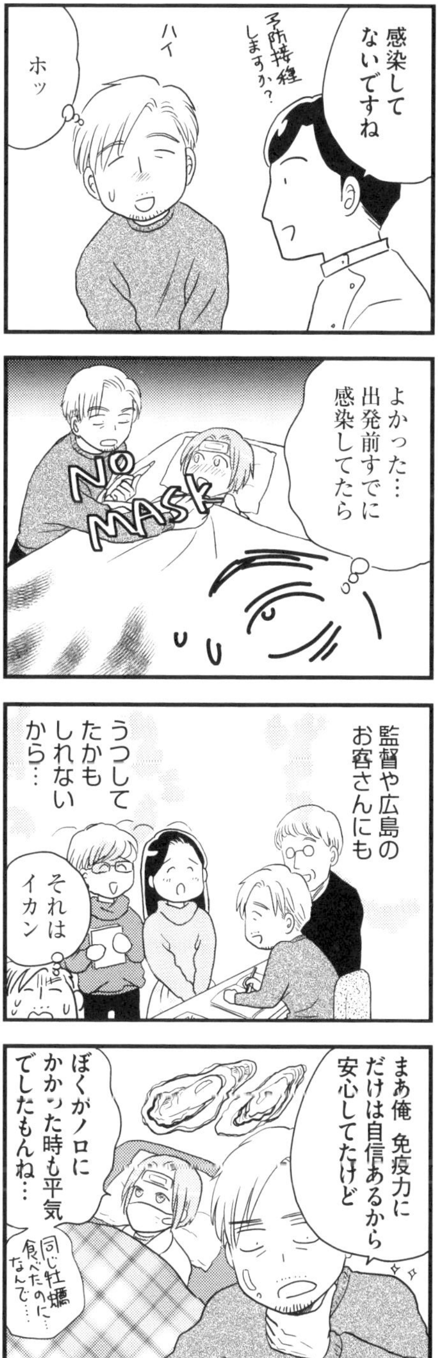
感染してないですね
予防接種しますか？
ハイ
ホッ
よかった…出発前すでに感染してたら
NO MASK
監督や広島のお客さんにもうつしてたかもしれないから…
それはイカン
まあ俺 免疫力にだけは自信あるから安心してたけど
ぼくがノロにかかった時も平気でしたもんね…
同じ牡蠣食べたのになんで…

大丈夫②

夜になると熱が上がってうなされるこう君
ハァ ハァ…
うう〜…
明日にはインフル用の薬が効いてくるから
熱さま
うわごとのようなねごと
苦しくて眠りが浅いのか
役に立ちたい…
役に…
もう十分役に立ってるよ
広島にはあらためてふたりで旅しにいこうと思いました

22.
相手の呼び方問題

自分の性別は中性ですが
見かけは男なので
バツイチなのでしばらくはちょっと…
アラ～！ごめんね
こういうとたいていひっこんでくれる(ウソではナイ)
ひとり暮らしをしてた時はとくに大きな問題はなく
奥さんもらわないの～？
近所のマダム(当時)
ただふたり暮らしとなると陰でウワサの的《まと》になりやすい
ドラマとかで今話題の…男同士の夫婦ってやつ⁉
ヒソヒソ
…がウワサされるのと気持ち悪がられるのはべつなので今んとこ問題ナシ

〝ダンナ〟①

近所に住んでる友達のイラストレーターEちゃんが〝夫〟を呼ぶ時…
私のパートナーが…
という呼び方をするんだけど…
最近 配偶者をそう呼ぶ人増えてますよね
トントントン
ザー
そー だから会話の最中につい
Eちゃんのダンナってどこ出身だっけ
とかクチ走っちゃうと
しくった!!
〝ダンナ〟って表現が嫌いな人かもしれないのに…!!
?

〝ダンナ〟②

かくいう自分も結婚してる時は
「主人」や「ダンナ様」呼びが嫌いでした
ダンナ様とか主人ってのはよォ 雇い主に使う言葉じゃねーかよ~
おかえりなさいませ旦那様
イメージ→
とか思いつつもいちいち訂正させるのも大変だし
ご主人は元気ー?
はい
とりあえず笑顔で流してたっけ…
なのにそんなおじさんたちと同じアヤマチをしてしまうとは!!
うわあああん
おじさ~ん…!

Eちゃん①

Eちゃんも結婚前は…
彼氏くん元気ー？
でよかったんだけど
でも結婚したら——
〝彼氏〟だと変かな？
ってギモンが頭をかすめて
ダンナ元気ー？
今日は早あがりなんですよ～
ハイ
ってつい出ちゃう…
自分は若い頃結婚してても
「カレシ」って呼び方をしてたくせにねっ
カレシさん
でした
もはや名前のよう…

Eちゃん②

後日談
BRRRRRR
飲み会のあと家が近いので車で送ってる
Eちゃんの夫くんさー
下の名前なんだっけ…？
BRRRRRRR…
K太(仮名)です！
そうか！じゃあこれからは…
西洋人のように名前で呼ぶことにしました
Kたくん！
役割名より個人名！
かなと

なんて呼べばいい？ ①

「パートナー」の呼び方ってさぁ
はい
ジャー
奥さん・嫁さん・ダンナさん・ご主人・家内――
妻
夫
どれも古い夫婦の図が浮かぶ日本の言葉だけど
日本語のほうがクチに出やすいんだよなあ…
ん〜でも
「恋人同士」より「カップル」のほうがいいやすいから
単なる慣れじゃないですか？
あっほんとだ！

なんて呼べばいい？ ②

ゲイだとパートナーを「彼氏」って呼ぶ人が多いですが…
これ彼ピ〜♡
男女の夫婦が
これ私の彼氏〜♡
というと
え…っダンナじゃなくて愛人だったの⁉
大胆すぎ〜!!
“夫とはべつの恋愛相手”って誤解されやすい問題が…
カレシ
夫
「ボーイフレンド」みたいな意味で浸透してる感じありますね
……

新たな呼び方①

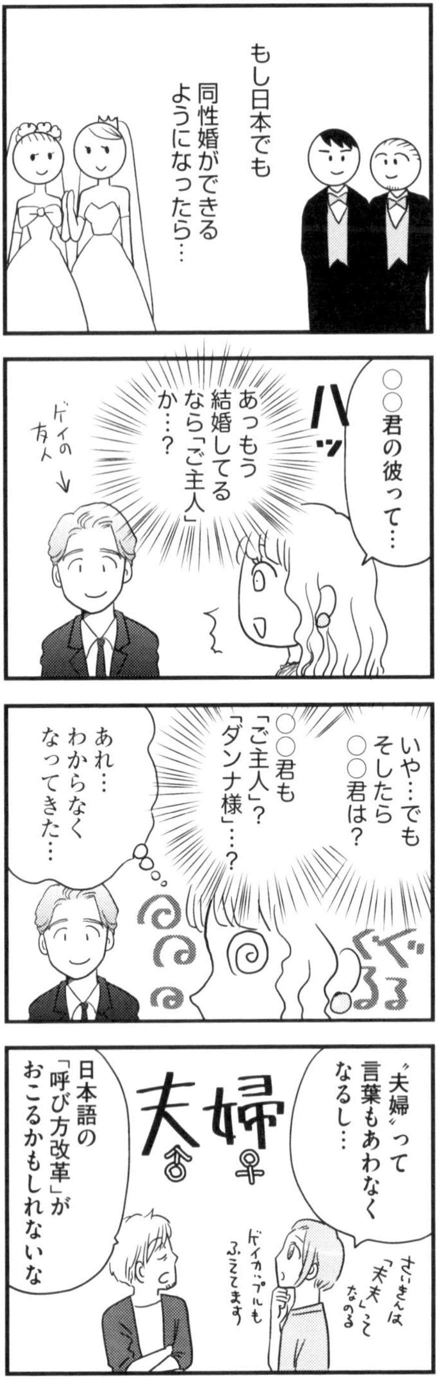
もし日本でも
同性婚ができるようになったら…
○○君の彼って…
ハッ
あっもう結婚してるなら「ご主人」か…?
ゲイの友人
いや…でもそしたら○○君は?
○○君も「ご主人」?「ダンナ様」…?
あれ…わからなくなってきた…
ぐるぐる
"夫婦"って言葉もあわなくなるし…
夫婦
日本語の「呼び方改革」がおこるかもしれないな
さいきんは「夫夫」ってなのる
ゲイカップルもふえてます

新たな呼び方②

俺は本の中でこう君のことを…
元アシスタント現パートナーの…
って紹介してるけど
性別がない人の
LGBT
こう君は誰かに俺を紹介する時なんて呼ぶの?
彼氏
あってますよね?
なんか照れてる

こう君と俺①

人生の中で…
GF、彼女、恋人、女房、奥さん、妻、嫁、wife、夫人、ミセス、伴侶、相棒、相方、パートナー、ご主人、お父さん、旦那
いろんな呼ばれ方してきたけど
彼氏…
てか最後のあたりぼくといる時間違えて呼ばれた系ですよね？
新鮮だけどしっくりきてる
ぼくはもともとそのつもりですよ？

こう君と俺②

パートナー制度が試行されたら――
（東京）渋谷区《しぶやく》、世田谷区《せたがやく》、中野区《なかのく》、豊島区《としまく》、江戸川区《えどがわく》、府中市《ふちゅうし》
札幌市《さっぽろし》（北海道《ほっかいどう》）、大泉町《おおいずみまち》（群馬県《ぐんまけん》）
千葉市《ちばし》（千葉県《ちばけん》）、伊賀市《いがし》（三重県《みえけん》）
横須賀市《よこすかし》、小田原市《おだわらし》（神奈川県《かながわけん》）
大阪市《おおさかし》、堺市《さかいし》、枚方市《ひらかたし》（大阪府《おおさかふ》）
宝塚市《たからづかし》（兵庫県《ひょうごけん》）、総社市《そうじゃし》（岡山県《おかやまけん》）
熊本市《くまもとし》（熊本県《くまもとけん》）、福岡市《ふくおかし》（福岡県《ふくおかけん》）
那覇市《なはし》（沖縄県）
※2019年５月現在パートナー制度ありの自治体
他、導入準備の市も多数!!
コク コク
こう君と申請したいんだけどね
千葉やみたいに戸籍上異性もOKがいいな
その場合外で
奥様はいらっしゃいますか？
と聞かれた時どう答えよう…？
ほけん窓口
その頃には「男＝《イコール》奥さんがいる」
って質問じたいなくなるかも…
カモン新時代！

23.
年の差エッチの悩み

メンズの香水を愛用してたんだけど…
最近は——
だから女性的な香りのコロンに変えてみた
シュッ
いい香り～!!
何つけても時間がたつとおじさん臭《しゅう》になっちゃうナゾ
香りが変化するんですね…？
昨日のシャツ
くんくん
夕方
カァ
カァ
おじさん臭になった…
何つけても一緒じゃん!!

年上の彼がいます①

自分はＦｔＭなんですが…
〈Ａくん・27歳〉
♂ホルモン&胸除去済みです
ものっすごく年上の男性とつきあってます
35歳差!!
お父さんより年上…!?
はい
35歳…!!
でも性欲はバリバリです…!!
タフな60代
やろうやろう

年上の彼がいます②

通常だと性別のほうに驚きそうなもんだけど…
男性×元女性
ほかに驚くポイントあるとそっちに目がいくもんだなー
ですね
親子だって間違われない？
2人でいると…
よくあります
むしろそれを元に近親相姦《きんしんそうかん》ごっこを楽しむことすら…
お父さん
エロに貪欲…

エッチのあと…①

ただ…
フッ…
最近エッチのあと…
ハーハーハーハーッハーッハーハーハーッ
動悸《どうき》が…
呼吸が
ハフ
ハフ
ハフ
ドッドッドッ
ドッドッ…
死んじゃいそうで怖い…
どうしたらいいと思いますか?

エッチのあと…②

念のため聞くけど…
彼が攻め
君が受け
…って認識でOK?
はい
じゃあ…
彼そーとー無理してエッチしてるかも
ガーンッ
エッ!?なんで…

THE☆ガマン①

おじさんはエッチの最中――
余裕がなさそうな気配を隠しがち
ハーッヒッ
ぜえっ
ぜえっ
ヒッヒ
いかにも「体力が落ちてます」って様子は…
見せたくないので
ぐっ
ンッ
ンッ
THE☆ガマン
頭の中はこう
イクぞ 出すぞ 絶対 最後まで 走りぬくぞ さぁ集中だ EDなんて 思われたく ないぞ
ンッ
ンッ

THE☆ガマン②

え…っ
引。
そんなこと考えながらしてたのか…
想像だけどね
ちなみに俺は若者と一緒に階段を上る時
スタ スタ
ンッ
ぜー ハー ぜー ハー
また倒れるからそーいうミエははらないでください
GAMAN☆

年の差があると①

年の差パートナーって
ラーメン
気持ち的には差を感じないものだけど…
あ〜酔った〜
シメはラーメンで…
翌朝
カラダ的には差が出やすい
ケロリ
う〜
重い…
なのに
年上なんだからリードしなきゃ
とハリキリすぎてしまう人が多いんだと思う
脳内イメージ図(若い)
おじさんの
実際のすがた

年の差があると②

わ…
わかる…
大人の男は金銭的にも
アメリカン エキスプレス ゴールドカード
エッチにおいても
リードできなきゃカッコ悪い!!
ドドドドドド
…ってすりこまれて育ってるから…
とくに昭和生まれは
TVに
雑誌に
映画に
HotDog
モテる男のキホン
親に…
マンガに

対策①

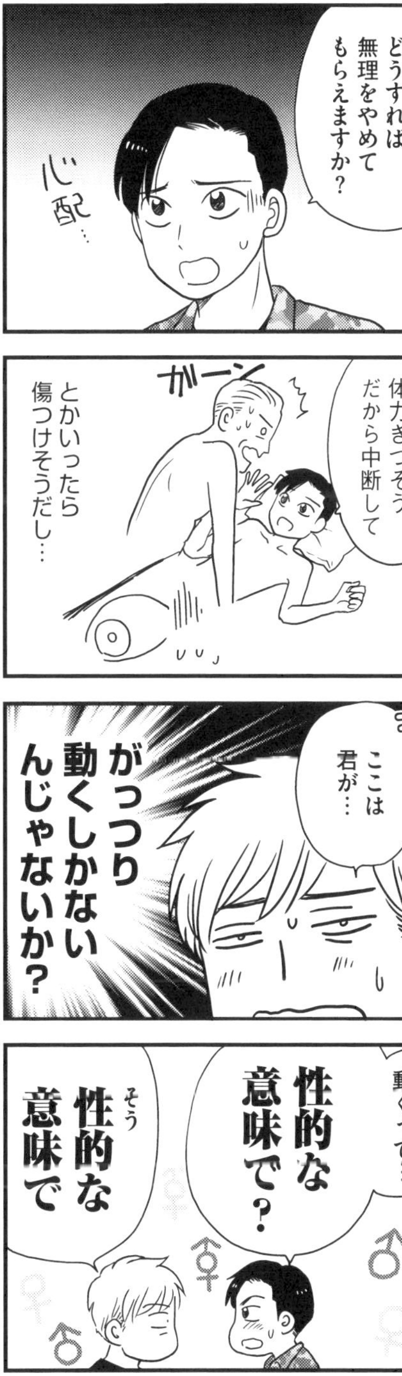

どうすれば無理をやめてもらえますか？
心配…
体力きつそうだから中断して
ガーン
とかいったら傷つけそうだし…
う～ん…
ここは君が…
がっつり動くしかないんじゃないか？
動くって…性的な意味で？
そう
性的な意味で

対策②

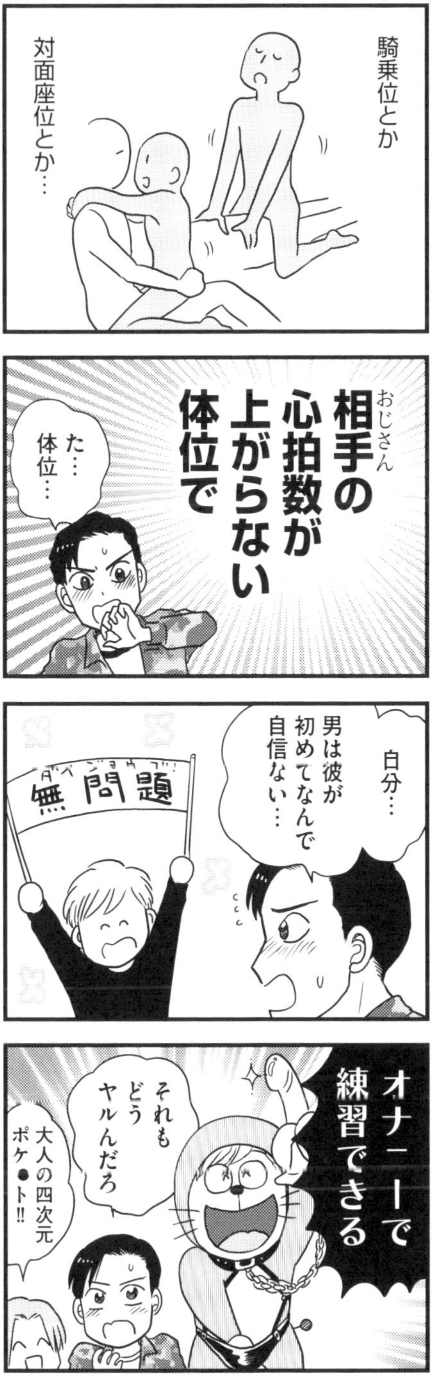

騎乗位とか
対面座位とか…
相手《おじさん》の心拍数が上がらない体位で
た…体位…
自分…男は彼が初めてなんで自信ない…
無問題《ダイジョウブ!!》
オナニーで練習できる
それもどうヤルんだろ
大人の四次元ポケ●ト!!

騎乗位練習法①

①毛布を人の太さくらいに巻きます
シングル2枚くらい?
②横たわらせます
③ペニバンを用意
PENIS BAND
えっあの"ペニバン"!?
④毛布にはかせます
ヌーン…
自分が着けるんじゃないんだ!?

騎乗位練習法②

⑤多少オナって体を温めたあと…
前戯イメトレ
んっ
んっ
⑥騎乗
※この時 潤いが足りないようならローションで補うこと
⑦動いて気持ちいいやり方をさぐる
この角度…?
いやこっちのほうがクリがこすれるし…
試行錯誤
あたかも乗馬を悦《たの》しむがごとく…!!
パカラッ
パカラッ
パカラッ
ズップシ

動いてみよう！①

この応用で
対面座位や…
背面座位での…
「一番気持ちいいポイント」を探れるのだ
あ！ここ
自己分析マン

動いてみよう！②

じ…自分…
自分は
彼がリードしたがりなのにまかせて…
まかせて！
受け身慣れしすぎてしまってたのかもしれない…
女の子とつきあってた頃はいろいろ動いて工夫してたのに…
そんな過去が
反省…

射精って…①

これからは自分が動く体勢になるよう誘導してみます
ふぁいと～
それにしても
自分はFtMなんでできないことなんですが…
老いてなおこだわるモノなんですか!?
射精って
うーん…
俺も…できないからなあ
！
あっそうか!?
そうですよね

射精って…②

こう君はどう思う?
ぼくはまだ老いた気持ちはわかりません…
…でも射精ってのは
62
GOAL!
「ゴール!!」って感じはあるかと…
射精はエッチの
わかりやすい
ゴール
GOAL
ピストン
インサート
ナメナメ
シコシコ
ボディタッチ
ただそれがなくても満足できるとも思います!
むしろ今ヤレてるのがスゴいと思うよ
彼氏さんもそのうち出なくなるだろうし
NO射精に慣れなきゃですね…

あとがき

ここまで読んでくださった方
ありがとうございました!!
感
謝
対談企画も楽しかったですね
ぼくひとつ疑問に思った点があるんですが
何
やせたらイロイロ変化が出たって話がありましたが…
…今は?
あーー
数年前の話だから…
ねえ今は…?
むにゅ むにゅ
腹はタルんでるけど健康体重は維持できてるぞ!!
出た大人の通信簿特定健診~
オール平均値
最近は健康診断の結果もいいし
体脂肪少ないのにこれだけやわらかいのはよほど運動量が…
犬のおなかみたい~い
あーあーわーわーー
こう君だっても少ししたら健診するトシになるんだぞ!
永遠の18歳といってはいるけど
あい
ニャー

●初出一覧
『本当にあった笑える話』
2015年11、12月号
2017年7、8月号
2018年3～9、11、12月号
2019年1～5、7月号
『本当にあった笑える話Pinky』
2017年9月号
2018年7、8月号
2019年3月号
『ちび 本当にあった笑える話』
vol.144、154、155、162
※本書は上記作品に描き下ろしを加え、構成したものです。

30歳で「性別が、ない!」と判明した俺がアラフィフになってわかったこと。

2019年7月20日初版第一刷発行

著　者　新井祥《あらいしょう》
発行人　大島雄司
発行所　株式会社ぶんか社
〒102－8405　東京都千代田区一番町29－6
TEL 03-3222-5125（編集部）
TEL 03-3222-5115（出版営業部）
www.bunkasha.co.jp
装　丁　山田知子（chichols）
印刷所　大日本印刷株式会社

ISBN978-4-8211-4523-2